はじめに

　発達心理学ではこれまで多くの実験や調査などの研究が行われ，それらのエビデンスに基づいて優れた理論やモデルが生成されています。その中には，保育・教育現場で利用するのに有効なものも多くありますが，それらの理論が現場で十分に活用されているとはいえないような状況に思われます。一方，現場では，保育者による創造性で有効な実践的な試みや工夫が多くなされており，発達心理学の理論との間に共通する考え方や方法が見られます。にもかかわらず，発達心理学の理論と現場での実践つなぐことがまだ十分に行われていません。そこで，発達心理学の理論と現場での実践とをつなぐ僅かな一歩になればと思い，本著を企画しました。

　本書は，3部で構成されています。第1部（第1章から第3章）では，発達にはどのような原理と法則があるのか，また乳児の発達と支援を解説しています。第2部（第4章から第6章）では，認識・記憶・人間関係などの領域がどのように発達するのか，保育・教育現場ではどのような支援ができるのかを解説しています。第3部（第7章から第10章）では，子どもと保護者へどのような支援ができるのかを解説しています。さらに，10のコラムを設け，保育・教育現場で直面する問題のQ&Aや最新のトピックスを紹介しています。

　子どもの発達研究で明らかになったエビデンスや理論を紹介し，さらにそれらの結果や理論を保育・教育現場，子育て支援などの臨床につなぐ試みを行っています。心理学を専門に研究されている先生方だけでなく，保育所や幼稚園などで保育を実践されてこられた先生方にも執筆をお願いしました。心理学を研究されている先生には，発達研究の理論やエビデンスを解説する際に，現場での実践を考慮して執筆していただきました。また，保育を実践されてこられた先生方には，認知発達心理学などのエビデンスや理論を念頭に置いて，現場における子どもの発達支援について執筆していただきました。

　本書は，保育士・幼稚園教諭，キッズスクール，スイミングスクールなど子どもを対象とした職業を目指す学生だけでなく，現場で働いておられる保育士・幼稚園教諭，育児支援センターの相談員，育児に奮闘中のお母さんやお父さんにも役立つ内容になることを目的としました。初心者の方々にも，発達心理学について具体

的なイメージを持って本書の内容を理解できるように，できる限りイラストや図表を使って，わかりやすく解説しています。これから現場に立とうとしている学生の方々にとっては，実習等での保育計画を考案し，子どもへの支援を考える際のヒントにしていただければ，また，現場の先生方にとっては，これらの理論とそれに基づいた実践を，日々の実践の中に新たな視点として加えていただければ幸いです。さらに育児中のお母さんやお父さんにとっては，育児のチャートやヒントになれば幸いです。

　また，本書には見開きの右ページにメモ欄を設けています。授業で聞いたこと，実際の保育場面や養育場面で気づかれたことを記録するのに使っていただければと思います。メモをすることで，本書が読者にとってのマイブックになれば幸いです。

　最後になりますが，北大路書房の北川芳美様には，企画の段階から大変お世話になりました。本著を作成するにあたり，丁寧な対応や的確なアドバイスを多くいただきました。この場を借りてお礼申し上げます。

　そして，原稿執筆中に他界した母に，人生の素晴らしさを教えてくれたことへの感謝と鎮魂の気持ちを込め，この書を捧げたいと思います。

2016 年 4 月 1 日

遠くに富士の景色を眺めながら

菊野春雄

もくじ

はじめに　i

第 I 部
子どもの発達の原理

第 1 章　子どもの発達の理解　2

第 1 節　子どもの発達過程　2
1. 子どもの発達　2
2. 連続的発達と非連続的発達　2
   （1）ピアジェの発達段階／（2）エリクソンの発達段階

第 2 節　子どもの発達の原理と法則　8
1. 発達の原理と法則　8
   （1）相互関連性／（2）方向性／（3）順序性
2. 人間の赤ちゃんの特徴　10
   （1）二次的就巣性／（2）赤ちゃんからの大人への愛着形成
3. 発達課題　14
   （1）ハヴィガーストの発達課題／（2）エリクソンの発達課題

第 3 節　発達課題と支援　18
1. 子どもの発達課題　18
   （1）3 歳児の発達のようすと課題／（2）4 歳児の発達のようすと課題／（3）5 歳児の発達のようすと課題
2. 子どもの発達の理解　20
   （1）保育者が真ん中にいる 3 歳児／（2）友だちとの遊びを楽しむ 4 歳児／（3）自分で，友だちと意欲的に取り組む 5 歳児
3. 子どもの発達についてできること　22
   （1）幼稚園・保育所でできること／（2）家庭でできること

Column 1　子どもに読んであげたい「いのち」をみつめる絵本　23

第 2 章　子どもの育ちを支えるもの　24

第 1 節　子どもの発達と遺伝・成熟　24

1. 認知能力の発達　24
　　(1) 知能の発達／(2) 言葉の発達
2. 性格の発達　28
3. 成熟優位説　29
Column 2　Q:「言葉の発達が遅いので，母親からどのようにすればいいのか相談がありました」　31

第2節　子どもの発達と環境・経験　32
1. 認知能力の発達　32
　　(1) 初期経験と臨界期／(2) 類人猿の言語習得
2. 性格の発達　36
　　(1) 養育態度と性格／(2) きょうだい関係／(3) 文化と性格
3. 教育優先論　38

第3節　遺伝と環境との相互作用　40
1. 輻輳説　40
2. 相互作用説　42
3. 子どもの主体的な教育　44

第3章　乳児の発達　46

第1節　乳児の能力　46
1. 運動発達　46
2. 認知発達　47
　　(1) ピアジェの認知発達論／(2) 乳児の認知

第2節　乳児の気質　52
1. 気質論と行動特徴　52
2. 乳児の気質　54
　　(1) 気質と特性／(2) 気質を調べるための質問紙検査
3. 気質に及ぼす養育・環境　56
　　(1) 気質から将来の行動の予測／(2) 気質と育児

第3節　乳幼児の支援　60
1. 0歳から1歳までの発達　60
　　(1) 意思をもった0歳児／(2) 意志をもった運動／(3) まわりの大人や友だちを意識した一人遊び／(4) 人間関係のなかで育つ言葉／(5) 興味や好奇心で育つ認識
2. 1歳から3歳までの発達　62
　　(1) 集団での葛藤のなかで育つ子ども／(2) まわりの人に自分の気持ちを伝えたい／(3) 多くの遊びを楽しむことが次の発達へとつながっていく
3. 乳児の発達の支援　64

（1）子どもの気持ちを見守る／（2）子どもの安全をめざして／（3）保育者の働きかけ／（4）保育者の環境の整備と工夫
　Column 3　Q：「午睡の時間ですが，子どもがなかなか寝なくて困っています。どのように対応すればいいでしょうか」　68

第 II 部
さまざまな発達

第 4 章　認識の発達　70

第 1 節　認識・注意のメカニズム　70
1. 認識　70
　　（1）ボトムアップ処理（データ駆動型処理）／（2）トップダウン処理（概念駆動型処理）／（3）シェマ
2. 選択的注意　73
3. 実行機能　74

第 2 節　認識・注意の発達　76
1. 乳児の知覚　76
2. 乳幼児の錯視と視覚的補完　78
　　（1）アモーダル補完／（2）異なった感覚間の相互作用
3. 注意の発達　81
　　（1）赤ちゃんの注視／（2）注意のコントロール

第 3 節　認識の支援　84
1. 子どもが理解するとき　84
　　（1）子どもが理解できないとき／（2）友だちについていく子ども／（3）理解できないで困っている子ども
2. 注意が集中できない子どもへの支援　86
　　（1）注意が集中できない子ども／（2）注意が集中できる空間／（3）注意が集中できる遊びの空間／（4）注意が集中できる話し方
3. 理解が難しい子どもの支援　89
　　（1）個別対応による支援／（2）視覚情報による支援

　Column 4　Q：「注意の集中ができない子どもがいます。保育でどのような配慮が必要でしょうか」　93

第5章 記憶の発達 ──────── 94

第1節 記憶のメカニズム　94
1. 情報処理モデル　94
   （1）感覚貯蔵庫／（2）短期貯蔵庫／（3）長期貯蔵庫／（4）ワーキングメモリ／（5）処理水準仮説
2. 記憶の過程　98
   （1）記銘過程／（2）保持過程／（3）想起過程
3. 記憶方略　99
   （1）記憶の体制化／（2）イメージ化／（3）手がかりによる想起

第2節 記憶の発達　102
1. 乳児の記憶　102
   （1）新生児の記憶／（2）乳児の記憶
2. 幼児の記憶　103
   （1）「記憶」についての理解の発達／（2）反復リハーサルの発達／（3）精緻化リハーサルの発達／（4）短期記憶とワーキングメモリ
3. メタ認知　108

第3節 記憶の支援　110
1. 教師・保育者の言葉が子どもの記憶に深く刻み込まれるように　110
2. 忘れ物が多い子どもへの支援　112
   （1）子どもは，生活の流れのなかで，いろいろな事柄を理解し記憶する／（2）記憶を妨げる不安
3. 危険の注意喚起をするための支援　114

Column5　Q：「発達障害の子どもがいます。安全面にどのような配慮が必要でしょうか」　117

第6章 人間関係の発達 ──────── 113

第1節 親子関係の形成　118
1. マーラーの「分離と個体化」　119
2. ボウルビィのアタッチメント（愛着）の理論　121

第2節 集団・リーダーシップの発達　126
1. 集団の発達　126
   （1）子どもの集団参加と遊び／（2）集団の発生過程／（3）学級集団
2. 子どもの関係の発達　128
   （1）親子関係の変化／（2）仲間関係／（3）ギャング・エイジ／（4）仲間からの受容
3. 保育者におけるリーダーシップ　130

第3節　人間関係の支援　132
1. 人間関係をどのように育てるか　132
   （1）保育所や幼稚園の子どもの現状／（2）トラブルのなかで育つ人間関係
2. ルールを守れない子どもへの支援　134
   （1）園生活でルールや約束に気づき守ろうとする子ども／（2）保育者の対応
3. 相手の気持ちを理解できない子どもへの支援　137

第III部
子どもの保護者への支援

第7章　気になる子どもへの支援　142

第1節　ASD（自閉症スペクトラム）　142
1. 自閉症概念の変遷　142
2. ASDの原因について　142
3. ASDをもつ子どもの基本特性と対応について　143
4. ASDをもつ子どもの育ちを支えるアプローチ　144
   （1）TEACCHの考え方を用いた環境構成／（2）課題の到達度が評価できるABA／（3）パニックへの対応

第2節　ADHD（注意欠如（欠陥）／多動性障害）　148
1. ADHDの定義，疫学特徴と原因　148
2. ADHDの発達的変化　149
3. ADHDの子どもへのアプローチと配慮　150
   （1）ADHDの薬物療法について／（2）ADHDをもつ子どもへの基本的対応と指導について

第3節　LD（学習障害）　152
1. LDの定義，疫学特徴　152
2. 中枢神経系の働きとLDの基本特性　153
3. 包括的な立場からのLDの見方とアプローチの考え方　155
4. 学習とLD　156
5. 保育者に求められるLDが疑われる子どもへの関わり　158

Column6　インクルーシブ保育の効用　159

第8章　親への支援　　160

第1節　育児不安　160
1. 育児不安とは　160
2. 子育て環境の変化　161
3. 育児不安を抱える養育者へのアプローチ　164
4. 育児不安に対応する援助者の事前のトレーニング　165

第2節　虐待（症状，原因，対応）　166
1. 虐待とは　166
2. 虐待の症状　167
3. 虐待の原因　169
4. 増加する虐待への対応　171

第3節　子育て支援　172
1. 子育て支援政策・対策の変遷　172
2. 子育て支援の具体例　175

Column7　海外の子育て支援　177

第9章　教育・保育による発達の支援　　178

第1節　ピアジェ理論と保育　178
1. ピアジェの発達理論から乳幼児を理解する　178
   (1) 乳児期からの「知ること」の発達／(2) 子どもは自分で知識を作り出す／(3) 乳幼児は大人のように「見て」いない
2. 遊びにおける乳幼児の発達の理解と支援　180
   (1) 乳幼児の「まちがい」から子ども理解と発達支援へ／(2) 物と関わる遊びを通した発達とその支援／(3) 集団ゲームを通した幼児の発達とその支援
3. 生活や人との関わりにおける発達の理解と支援　183
   (1) 生活を通した発達の理解とその支援／(2) 人との関わりを通した発達の理解とその支援／(3) 集団における道徳性の発達とその支援

Column8　子どもの自分で考える力〈自律〉を育てること　185

第2節　ヴィゴツキー理論と保育　186
1. ヴィゴツキーの発達観・教育観　186
2. 発達の最近接領域　186
3. ヴィゴツキーが考える就学前プログラムの特徴　187
   (1) 発達と教授過程との関係／(2) 発達と獲得概念との関係：生活的概念と科学的概念
4. 保育者や教師の関わり：足場づくり　188
5. 水平的相互作用と垂直的相互作用　190

6. 同年齢保育と異年齢保育　191

第3節　教育・保育における発達の支援・工夫　192
1. 教育・保育による育ち　192
2. 保育者の役割　192
   (1) 子どもの特性を理解し，把握する／(2) 受け止めて，好きなことを伸ばす／(3) 保護者を支援する
3. 実際の教育・保育での支援　194
   (1) 絵本コーナーでの支援／(2) 手洗い・歯磨きでの支援／(3) 遠足での支援／(4) 泥だんご作りでの支援／(5) コーナー設定での支援

Column9　Q：「子どもの自己有能感を育てる保育とはどのようなことが考えられますか」　197

第10章　相談と支援　198

第1節　カウンセリングマインド　198
1. カウンセリングマインドとは　198
2. 保育場面におけるカウンセリングマインド：保育者と子ども　200
3. 子育て支援場面におけるカウンセリングマインド：保育者と親　202

第2節　来談者中心療法　204
1. 来談者中心療法とは　204
   (1) 来談者中心療法の発展／(2) 来談者中心療法の目的
2. 来談者中心療法の必要条件　206
   (1) 傾聴／(2) 自己一致／(3) 受容／(4) 共感的理解
3. 保育と来談者中心療法　208

第3節　認知行動療法　210
1. 認知行動療法とは　210
   (1) 認知行動療法の基本となる考え方／(2) 認知を変えることをめざす／(3) 行動を変えることをめざす／(4) 感情や身体反応を変えることをめざす
2. 保育や子育て支援における認知行動療法　213

Column10　発達障害とSST　215

引用・参考文献　216
人名索引　226
事項索引　228

第 I 部

子どもの発達の原理

第1章
子どもの発達の理解

第1節　子どもの発達過程

1. 子どもの発達

　人の発達は，乳児期（0～2歳），幼児期（2～7歳），児童期（7～12歳），青年期（12～22歳），成人期（22～30歳），壮年期（30～60歳），老年期（60歳以降）に分けることができる。ここに示した発達段階や年齢範囲はおおよそのもので，文化や性別でも異なり個人差もみられる。この年齢は発達の区分を示すものであり，七五三，成人式，法律，学校制度など社会的行事，社会制度，教育制度，就職など社会生活にも密接に関係している。

　それでは，子どもはどのように発達していくのであろうか。乳児期・幼児期に子どもはどのように変化していくのかをみてみよう。表1-1は，子どもの発達を示したものである。誕生直後は，生得的な反射を使った行動がみられる。2か月頃にまわりの話しかけに反応したり，目の前のものを触ろうとするなど外界からの働きかけに反応するようになる。6か月を過ぎる頃，人見知りや好き嫌いなど自分が外界に働きかけるなどの行動がみられるようになる。このように，乳児期から幼児期にかけて，子どもは徐々に外界に働きかけ自立していく。

2. 連続的発達と非連続的発達

　子どもはどのように発達するのであろうか。発達理論の1つの立場として，量的かつ連続的に発達するという考え方がある。「量的かつ連続的に発達する」というのは，年齢を関数として，子どもの知識量や理解力が徐々に増加することである。

表 1-1　0歳〜3歳までの発達（巷野，1982を参考に作成）

年　齢	運動の発達	認識・理解・言葉の発達
0歳	反射がみられる。	お腹が空いた，おむつが汚れたなど不快なことがあれば泣く。
1か月	腹這いにするとしばらくあごを持ち上げる。	昼と夜の区別がつく。お腹が空いたときと，おむつが汚れたときに泣き方に違いがみられる。声を出す。
2か月	手足の動きが活発になる。腹這いにすると顔を持ち上げる。	喃語を出すようになる。笑うようになる。
3か月	腹這いにすると頭と肩を持ち上げる。	触れるものを触ろうとする。あやされると笑う。話しかけると，アー，ウーなど声を出して反応する。
4か月	抱っこをしても首がしっかりしている。支えると，お座りができる。	動くものを目で追い，興味を示すと大声で笑う。人がいないと淋しがり，気に入らないと怒りに似た感情を露わにする。
5か月	軽く支えると，膝の上で座る。	微笑んだ顔と怒った顔を区別する。いない・いない・ばあをすると顔が現れるのを待つ。
6か月	寝返りができる。	玩具がなくなると探す。人見知りをする。
7か月	一人でお座りができる。	模倣ができる。玩具を取ると，取り返そうとする。
8か月	支えてやると，二本足で立てる。	自分から積極的に大人に声をかける。玩具の好みができてくる。長く遊ぶようになる。
9か月	つかまり立ちができる。	玩具の好き嫌いができ，お気に入りの玩具を離さない。人の好き嫌いが出てくる。
10か月	つかまり立ちがじょうずになる。立ったまま，机のもので遊ぶ。	パパ，マンマなどの片言が言える。
11か月	2, 3歩，一人歩きができる。牛乳・水などコップで飲むことがじょうずになる。	大人の言うことをかなり理解できる。
1歳〜1歳半	一人歩きがじょうずになる。	何でも真似をする。禁止の意味がわかる。
1歳半〜2歳	飛び降りたりぶら下がったりなどの動作がじょうずになる。	けんかやいたずらをする。排尿，排便をする前にある程度のそぶりをする。
2歳	手足を自由に使う。運動動作も複雑なことが行える。	2語文を話せる。相手の言葉を理解ができる。
3歳	自分から行動する。	集団生活でのしつけができる。

たとえば，子どもの発語は，1語文から2語文へと徐々に増加していく。記憶能力についても，子どもが記憶できる量も徐々に増加していくのは，連続的な発達である。

もう1つの立場として，子どもは，量的に連続的に発達するだけでなく，「質的に非連続的に発達する」という考え方である。「質的に非連続的に発達する」というのは，子どもがある年齢に達すると，それまでと異なった認識や考え方・行動を行うことである。非連続で段階的な発達を行うことである。たとえば，3歳までは他児の気持ちの推測ができていなかったが，4歳を超えると他児の気持ちを推測できるようになる。このように，発達を連続的，非連続的にとらえる考え方がある。

発達を概観するために，ピアジェとエリクソンの発達段階について紹介する。

(1) ピアジェの発達段階

スイスの発達心理学者ピアジェ (Piaget, J.) は，以下に示す4つの発達段階を仮定している。各発達段階では，図1-1に示したように質的に異なったシェマを用いて自分のまわりの世界を認識すると仮定している。子どもは，自ら外界に働きかけることにより，シェマを習得していく。各段階の特徴は以下の通りである。

Ⅰ. 感覚運動期（誕生～2歳）

この時期の子どもは，感覚や運動を通して外界を理解している。たとえば，目の前に玩具があると，それをなめたり，放り投げたりするなど感覚や運動を通して認識しようとする。この時期はイメージなどの表象がまだ十分に形成されていないので，目の前にある今の世界に基づいて認識が行われる。この時期では，いない・いない・ばあ (peek-a-boo) などの遊びが好まれる。

Ⅱ. 前操作期（2～7歳）

2歳前後から表象的活動が活発になり，時間と空間を超えて外界を認識することが可能になる。しかし，表象を操作することはまだ困難である。この時期は，表象的思考段階と直観的思考段階の2つの段階に分けることができる。

- 表象的思考段階（2～4歳）：この時期になると行動が，内面化されて表象が形成される。表象に基づいた象徴的行動がみられるようになる。たとえば，石を「お菓子」，コップに入った砂を「ご飯」と見立てて遊ぶ表象遊びがみられる。この時期は，概念が知識構造として十分にまとまっていないので，

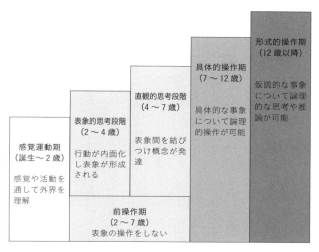

図 1-1　ピアジェの発達段階

異なった概念どうしを結びつける転導的推理がみられる。たとえば、ある場面で「ネコ」を見たときに「雨」が降ることを経験すると、別の場面でも「ネコ」を見ると「雨」が降るのだと推論することがみられる。

- 直観的思考段階（4〜7歳）：4歳を過ぎる頃から、表象間を結びつける概念が発達してくる。そのため、雲が多くなったら雨が降ってくるなど、関係ある事象を結びつける推理が可能になってくる。しかし、推理や判断は、知覚的要因によって左右されやすい。この時期の子どもは保存概念を獲得していない。たとえば、量や数の多さなどを判断するときに、数だけに基づく論理的判断よりも見かけなど知覚的要因による判断をすることがみられる。7歳

前後から，この保存概念は獲得されるようになる。

Ⅲ．具体的操作期（7～12歳）

　　この時期になると，子どもは具体的な事象について論理的操作が可能になる。数や量などについても，知覚的要因に惑わされず論理的に思考・推論できるようになる。たとえば，「赤いバラが3本と白いバラが5本ある。赤いバラとバラではどちらが多いか」との質問に対しても，部分（赤いバラ）と全体（バラ）を比較することが可能になるなど論理的な思考ができるようになる。

Ⅳ．形式的操作期（12歳以降）

　　12歳頃から，具体的事象だけでなく，仮説的な事象についても論理的な思考や推論が可能になる。いろいろな要因から構成されている事象に対して，要因を組織的に変化させながら仮説演繹的思考を行うことが可能になる。たとえば，振り子課題の振動にどのような要因が影響するかを調べる課題では，外的事象を振り子の重さや振り子の糸の長さ，振り子への力などの要因に分離し，それらの要因を組み合わせて，仮説を検証することが可能になってくる。また，元素や宇宙の法則など自分が見たり実体験のない仮説についても認識が可能になる。

(2) エリクソンの発達段階

　心理学者であるエリクソン（Erikson, E. H.）は，誕生から老年期までの一生を8つの発達段階に分けている。エリクソンは，各発達段階で社会との摩擦や危機に直面し，それらの課題を解決するなかで発達していくのだと仮定している。ここでは，乳児期から青年期までの5つの発達段階を概観する。

Ⅰ．乳児期：「基本的信頼」対「不信」（誕生～1歳半）

　　乳児期に，子どもは信頼感を獲得する。養育者から一貫した態度で養育されると，子どもは信頼感を獲得できる。しかし，養育者から一貫しない予測不可能な態度で養育されると，子どもは不信感をもつようになる。

Ⅱ．幼児前期：「自立性」対「恥と疑惑」（1歳半～3歳）

　　幼児期の前期に，子どもは自立心・意志力を獲得する。排泄など自分の筋肉を自分自身で制御できるようになる。これらの制御によりトイレットトレーニングがスムーズにできるようになる。自らの選択により保持・放出という経験

を通して，子どもは自立性を獲得していく。しかし，親があまりに子どもの行動を制御すると，他人のほうが自分よりもうまく活動ができるという恥や疑惑の感情が獲得される。

Ⅲ．幼児後期：「積極性」対「罪悪感」（3～6歳）

　　幼児期の後期になると，自分自身で目的を考えそれをやり遂げる積極性を獲得する。この時期に子どもは好奇心が強くなる。また，自分の考えを主張することが多くなる。自分の考えをうまく表現できることで，まわりの世界に対して積極的になれる。しかし，自分の考えをうまく主張できないと，自分は罰せられるという罪悪感をもつようになる。

Ⅳ．学童期：「勤勉」対「劣等感」（6～11歳）

　　学童期に子どもは読み書き算数などのスキルを学ぼうとする。それらをスムーズに習得できると勤勉さを獲得できる。しかし，それらのスキルを獲得できないと，劣等感を抱くようになる。また，仲間との集団関係が重要な時期である。この時期に勤勉さの獲得が十分に成功しないと劣等感が生じる。また，勤勉さの獲得が成功することで，自己有能感や自尊心が育っていく。

Ⅴ．青年期：「同一性」対「役割の混乱」（思春期）

　　思春期になると，青年は自分とはどのような人間であるのかという自我同一性（アイデンティティ）について葛藤するようになる。葛藤の末に，自我同一性を獲得することができれば，自己有能感をもって社会に旅立つことができる。他方，自我同一性を獲得できなかった場合，自分の社会における役割について自信をもてず混乱するようになる。

第2節　子どもの発達の原理と法則

1. 発達の原理と法則

　子どもの発達は，いくつかの原理や法則に基づいている。子どもの行動を理解・推測し，子どもをどのように育てるのかを考えるための重要な手がかりになる。子どもの行動に問題があるときには，養育の仕方などが発達の原理に沿っていない場合もみられる。子どもの発達のチャートとして，子どもの行動を理解するためにも発達の原理や法則を知っておくことは重要である。

（1）相互関連性

　運動，言葉，社会性，思考などの各領域で発達がみられる。図 1-2 に示すように，それぞれの領域が独立して発達していくのではなく，運動，言葉，社会性，思考など各領域の発達が相互に関連し合って発達している。たとえば，子どもの運動機能が育つことで，思考が発達し，仲間とのコミュニケーションが育ち，言葉の発達が育っていく。言葉の発達を支援する場合にも，言葉の発達に直接的に支援するだけでなく，運動の発達や子どもどうしの遊びやコミュニケーションなどほかの領域から多面的に支援を考えることも重要である。

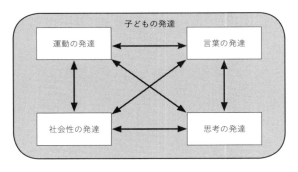

図 1-2　発達の相互関連性

（2）方向性

　身体全体が同じ速さで発達するのではない。図 1-3 に示すように，月齢や年齢に

よって，発達の大きさや速さは異なるものの，一定の方向に成長する。1つの方向は「頭部から尾部へ」の発達であり，もう1つの方向は「中心部から周辺部へ」の発達である。たとえば，子どもの動作は，「中心部から周辺部へ」と発達していく。また，描画などの発達を観察すると，はじめは肩を中心とする活動が多く，肘を使った活動，手を使った活動，そして指を使った活動のように，身体の中心部から周辺部に向かって動作が発達していく。

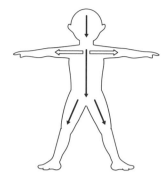

図1-3　発達の方向性

（3）順序性

運動や言葉などは一定の順序で発達していく。図1-4は，運動発達の順序性を示したもので，「寝返り」「一人座り」「つかまり立ち」「一人歩き」の順序で発達していく。また，言葉の発達についても，泣き声，喃語，1語文，2語文の順序で発達する。この順序を無視した子育ては，子どもにも負担がかかり，その後の発達にとっては望ましくないと考えられている。

寝返り　→　一人座り　→　つかまり立ち　→　一人歩き

図1-4　運動の発達の順序　（Shirley, 1933）

2. 人間の赤ちゃんの特徴

(1) 二次的就巣性

　人間の子どもは，どのような特徴をもっているのであろうか。ウマやニワトリの子どもは生後すぐに自分で移動し，自ら食事をする。他方，生後間もない人間の赤ちゃんは，自分の意志で移動したり，自力で食事をしたりしない。ほかの動物に比べ，人間は未熟で依存的な状態で生まれてくる。なぜ人間の赤ちゃんは，未熟で依存的なのであろうか。

①就巣性と離巣性

　生物学者のポルトマンは，人間の赤ちゃんが二次的就巣性であるとの考えを提唱している（Portmann, 1951）。まず，ポルトマンは，鳥類の巣立ちのようすを観察し，その特徴で鳥類を分類した。表 1-2 に示すように，鳥類は，ツバメやハトのような「就巣性（もしくは留巣性）」の鳥とニワトリやカモのような「離巣性」の鳥に分類できる。就巣性の鳥は，羽毛がなく裸の状態で生まれ，自ら移動できず，餌としては親が運んでくれたものを食べ，常に巣に留まって成長を待つ。他方，離巣性の鳥は，生まれた時から羽毛が生えており，自分で移動でき，自ら餌をとる雛鳥もいる。巣立ちによって鳥を分類することで，鳥の生態や特徴を適切に理解できる。

表 1-2　鳥類における出生時の状態

鳥の種類	ツバメ，ハト	ニワトリ，カモ
生後すぐの状態	羽毛がなく裸の状態	羽毛が生えている
移動	自ら移動は困難	自分で移動できる
餌の食べ方	親が餌を運んで与える	自ら餌を探して食べる
誕生時の子どもの状態	就巣性 （巣の中で生活する）	離巣性 （巣から離れて生活する）

　ポルトマンはさらに巣立ちの法則を哺乳類の分類に適用した。その結果，就巣性の特徴をもった哺乳類として，ネコやモグラが該当する。これらの哺乳類は，巣の

中で生活し,生まれた状態では自分から移動できず感覚も十分に発達していない。また,妊娠期間も20日〜30日と短く,一度に多くの子どもを産む特徴がある。他方,離巣性の特徴をもつ哺乳類として,ウマやウシが該当する。これらの哺乳類は,生まれてすぐ自分で移動でき,感覚も親と変わらないぐらい発達している。妊娠期間は50日以上と長く,一度に1匹〜2匹しか産まない特徴がある。就巣性の哺乳類に比べ離巣性の哺乳類のほうが,系統発生的には遅く出現した高等動物が含まれる。

表1-3 哺乳類における出生時の状態

	ネコ,モグラ	ウマ,ウシ
妊娠期間	短い(20〜30日)	長い(50日以上)
1胎ごとの子の数	多い(5〜20匹)	1〜2匹
誕生時の子どもの状態	就巣性	離巣性
系統発生	下位の動物	上位の動物

②生理的早産

　人間はどのような巣立ちの特徴をもって生まれてくるのであろうか。人間の赤ちゃんは,感覚器官は大人ほど十分に発達していない。自分で移動したり,自分で食事をとることは困難で,就巣性の特徴をもっている。自分で移動し自分で食事をできるのに1年かかる。人間は,系統発生的には高等動物であるにもかかわらず,赤ちゃんは就巣性の特徴をもっている。そこで,ポルトマンは人間の赤ちゃんを「二

次的就巣性」と名づけている。

　それでは，なぜ人間の赤ちゃんは，就巣性の特徴をもって生まれてくるのであろうか。これについてポルトマンは，人間の赤ちゃんは1年早く生まれてきているので，未熟で依存的な状態で生まれてくるのだと仮定する「生理的早産」の仮説を提唱している。人間の赤ちゃんは本来2年間が胎児期であるが，1年早く生まれて子宮外で胎児期を過ごすためであると考えている。このため，人間の赤ちゃんは未熟で依存的な状態であるのだと仮定されている。人間の赤ちゃんは受け身的で未熟な状態で誕生することで，他の動物に比べ環境からの影響を受け柔軟で可塑性をもった特徴をもっているのだとも考えられている。

（2）赤ちゃんからの大人への愛着形成

　子どもの愛着の形成は，大人から子どもへの養育などの働きかけが重要であることが考えられている。しかし，図1-5のように，子どもから大人への働きかけによっても愛着が形成される。

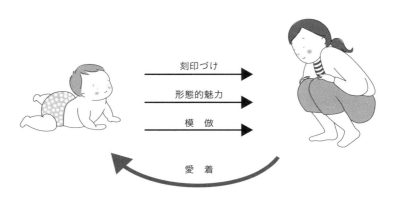

図1-5　赤ちゃんから大人への愛着形成

①刻印づけ

　子どもから大人への働きかけの1つとして，「刻印づけ」がある。刻印づけはインプリンティングともよばれ，カモなど鳥類が，生後の数時間に見た動く物体を追尾する現象で，動物生態学者のローレンツ（Rorenz, 1988）によって発見された。イン

プリンティングの特徴として，①１回の経験で刻印づけが形成され，反復の必要がないこと，②刻印づけが形成されるとそれを消去できないこと，③刻印づけは生得的にプログラムされ修正がきかないこと，④生後間もない初期の時期に形成されることがある。とくに，刻印づけが形成される時期については臨界期があることも特徴であり，孵化後13〜16時間の間に出会った対象を追尾することがみられることである。なお，鳥類に限らず動物であっても，刻印づけに対してははじめ戸惑うが，日数が経つにつれて追尾された動物が幼い雛鳥に愛着を向けることが示されている。このことは愛着が子どもの側からも形成されることを示している。なお，人間の愛着関係においても，刻印づけほど短時間で形成されるものはないが，子どもから大人への接近行動により子どもへの愛着が生まれることもみられる。

②赤ちゃんの形態的特徴

子どもの側から大人への働きかけとして，子どもの形態の魅力度がある。大人は，子どもの形態のかわいさなどの魅力に引きつけられる傾向がある。ローレンツは，これを「ベビーシェマ（Kindchen-Schema）」という概念を用いて，子どもの形態的な魅力を説明している。

図1-6は，人間や動物における幼体と成体の頭部の比率を示したもの

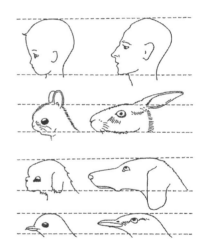

図1-6　人間や動物における幼体と成体の頭部の比率

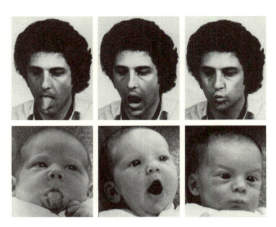

図1-7　赤ちゃんによる模倣行動（Melzoff & Moore, 1977）

である。この図に示されるように，幼体と成体に違いがみられる。顔については，①身体に比べて顔が大きいこと，②額が前に張り出していること，③目が大きく，顔の中央よりも下に位置することなどの特徴がある。このような形態的特徴が，大人から子どもへの愛着を解発すると考えられる。

③赤ちゃんによる模倣行動

　子どもの側から大人への働きかけとして，子どもの模倣行動がある。アメリカの心理学者メルツォフとムーア（Melzoff & Moore, 1977）は，図1-7のような生後間もない赤ちゃんが人の行動を模倣することを発見した。たとえば，大人が舌を出すと，乳児はその顔を見たあとで，自分自ら舌を出す模倣行動がみられる。模倣行動により赤ちゃんが母親に応答して，愛着を促すと考えられる。

3．発達課題

　各発達段階には，達成すべき課題がある。この課題を発達課題という。各段階の発達課題を達成することによって，健全で幸せで充実した生活を行うことができ，次の発達段階へと無理なくスムーズに移行できると仮定されている。そのため，養育者や保育者は子どもの発達課題を十分に理解し，それらの課題の達成に向けて子

表1-4 ハヴィガーストの発達課題（Havighurst, 1953 ／荘司訳, 1958 を改変）

時　期	発達の具体的な課題
乳幼児期 （出生〜6歳）	・歩行の学習 ・固形の食物をとることの学習 ・話すことの学習 ・排泄の仕方を学ぶこと ・性の相違を知り性に対する慎みを学ぶこと ・生理的安定を得ること ・社会や事物についての単純な概念を形成すること ・両親や兄弟姉妹や他人と情緒的に結びつくこと ・善悪を区別することの学習と良心を発達させること
児童期 （6〜12歳）	・日常のゲームに必要な身体的技能の学習 ・成長していく生活体としての自己に対する健全な態度の形成 ・仲間とうまくやっていくことの学習 ・男性・女性としての適切な役割の学習 ・読み・書き・計算の基本的技能の学習 ・日常生活に必要な概念の発達 ・良心・道徳性・価値判断の基礎の発達 ・個人的独立の達成 ・社会的集団や制度に対する態度の発達
青年期 （12〜18歳）	・同年配の男女両性との新たな，より成熟した関係をつくりあげること ・男性または女性としての，それぞれの社会的役割を遂行すること ・自分の身体的特徴を受け入れ，身体を効果的に使用すること ・両親や他の成人からの情緒的な独立を達成すること ・経済的な独立の自信を確立すること ・職業を選択し，それの準備をすること ・結婚と家庭生活の準備をすること ・市民（公民）としての資質に必要な知的技能と概念を発達させること ・社会的に責任のある行動を望み，それを達成すること ・行動の指針としての一連の価値や倫理体系を獲得すること

memo

どもの発達を支援することが重要である。

(1) ハヴィガーストの発達課題

表 1-4 は，アメリカの教育学者のハヴィガースト（Havighurst, 1953）により考えられた発達課題である。この表によると，乳幼児期で達成すべき課題として，「歩行」「話すこと」「排泄」「善悪の区別」などの課題がある。この時期の発達課題としては，社会生活を送るのに必要な自我を形成するための身体的社会的な能力の学習がみられる。児童期では，「遊びに必要な身体的技能」「仲間とうまくやっていくこと」「読み・書き・計算の基礎能力」「個人的独立の達成」などの課題がある。この時期の発達課題は，友人との関係など集団や社会に適応するための基本的能力の学習がみられる。青年期になると，「男性女性の社会的役割」「経済的独立」「職業の選択」「社会人としての責任ある行動」などの課題がある。この時期の発達課題は，社会のなかで1人の独立した大人として役割が与えられ，それぞれの役割に合わせた行動が課題となっている。これらの発達課題は，文化や時代で変化するものである。

(2) エリクソンの発達課題

図 1-8 は，エリクソン（Erikson, 1959）の提唱している発達課題である。エリクソンは，ライフサイクルの観点から，心理社会的な各発達段階で達成すべき発達課題を設定している。とくに，発達のなかで自我がどのように発達しているのかを中心に発達課題が設定されている。

それぞれの発達段階で習得すべき自我に関わる機能と達成のために鍵となる人物を仮定している。達成の段階で，鍵となる人物と関わる心理社会的危機を乗り越えて課題を達成できる。このような危機を乗り越えて，私たちの自我が成熟していくのだと考えている。

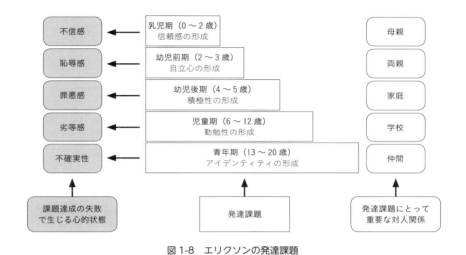

図 1-8　エリクソンの発達課題

memo

第3節 発達課題と支援

1. 子どもの発達課題

3歳から5歳にかけて子どもはどのように発達し，どのような発達の課題をもっているのであろうか。

(1) 3歳児の発達のようすと課題

筆者の幼稚園では，入園当初の3歳児は，新しい環境に慣れずに泣いたり，保育者から離れられなかったりと不安定な姿がみられる。入園前までの家庭での経験などにより，生活習慣や言葉など個人差も大きい。3歳児にとって，園に慣れること，子どもどうしの関係ができること，自分の身のまわりの整理ができることが，幼稚園での発達課題になる。

まず，新しい環境である幼稚園に喜んで登園し，園が楽しいところであることを実感できることが課題になる。そのためには，保育者は一人ひとりの子どもと信頼関係をしっかり築き，安心感をもって子どもが身近な人や物に親しみをもつことができるようにしたい。園生活に慣れてくると，自分の好きな遊びをみつけて，楽しむことができるようになってくる。保育者は土や水，泥，身近な草花や小動物など子どもが親しみやすい環境を整えることも大切である。

次に，子どもどうしの関係ができることが課題になる。友だちの遊びを真似たり，名前を呼ぶなど，友だちにも親しみをもつことが大事である。徐々に好きな友だちができ，一緒に遊ぶ姿もみられるようになる。しかし，自分の思いだけを通そうとするためトラブルも多くなる。保育者は子どもと子どもの橋渡しとなって，相手の気持ちや思いに気づけるよう，ていねいに説明したり，解決方法を一緒に考えたりして，友だちとの関わり方を育てていくことが必要になる。

またこの時期は，着替え，歯磨き，トイレなど身のまわりのことを自分でできるようになることが発達課題になってくる。できる範囲内で身のまわりのことを自分でしようと試みることで，自分でやってみる経験，自分でできた経験を大切にしていきたい。自分でできた喜びを味わうことで，自信を育てていくことが意欲につながっていく。

(2) 4歳児の発達のようすと課題

4歳児では，友だちと楽しく遊ぶこと，決まりやルールを守っていくことが発達の課題になる。

4歳児は，保育者や友だちと一緒にのびのび遊ぶようになり，戸外でも身体を十分に動かして開放感ある遊びを楽しむ姿がみられる。遊びの変化とともに，新しい友だちができ，友だち関係も広がってくる。そして自分の思いを伝え，相手の気持ちを知ろうとするようになり，少しずつ思いを伝え合う楽しさを味わうこともできるようになってくる。

友だちとイメージを共有して遊びを楽しんだり，友だちと試したり，工夫したりして，遊びの広がりを楽しむようになる。時折，予期せぬ行動や言葉で友だちを傷つけてしまったり，相手にわかってもらえず悲しくなったりすることがある。自分の思いがままならないと，時に登園を嫌がるなど，葛藤したり，迷ったりすることもある。保育者は長い目で子どもを見守り，必要に応じて支えていくことが大切である。

またいろいろな素材で工夫して作ったり，イメージを言葉や動きで表現したり，生活の決まりやルールなど約束事を守って遊んだりするなど，経験を広げていくことを大切に育てたい。

(3) 5歳児の発達のようすと課題

5歳児では，年下の子どもの世話，仲間意識，知的好奇心などが発達課題になってくる。

5歳児になると，年長組になった喜びと自覚が感じられ，張り切って新入児の世話をし，関わろうとする姿もみられるようになる。自分の気持ちを抑えて年少の子どもの世話をしたりするなど異年齢保育での経験が，子どもの達成感や利他性を育

ていく。

　友だちとの遊びも充実し，友だちからも刺激を受け，自分なりの目標をもって繰り返し取り組んだり，新しい活動に対しても挑戦しようとしたりして，意欲的な姿がみられるようになる。またクラス意識，仲間意識がはっきり表れ，友だちと役割を分担したり，力を合わせたりして，遊びや活動を進めていくようになる。そのなかで，意見を取り入れたり教えあったりして，友だちを認めることを経験し，思いの違いに気づくことで，友だちを思いやる気持ちをもつなど，一人ひとりの良さを知り，一人ひとりが大切な存在であることに気づくようになる。

　また，この時期になると自分のまわりの世界に興味をもつようになってくる。知的好奇心や探究心が高まり，遊びのなかで数量・図形・文字に興味をもったり，身近な事象を調べたりして，さまざまなことに積極的に関わろうとする姿がみられるようになる。自信をもって生活するようになり，たくましさが感じられるようになる。

2．子どもの発達の理解

(1) 保育者が真ん中にいる3歳児

　幼稚園では3歳児の輪の中心に，いつも保育者の姿がある。身近な存在に親しみをもつことから楽しさを味わう3歳児。まだまだ不安になったり，友だちとのコミュニケーションも思うようにならなかったりするこの時期，大人に依存しながら，大人からさまざまなことを学んでいく。

　保育者は，時には親であり，友だちであり，保育者の担う役割は大きい。朝登園時，3歳児は保育室に保育者の姿をみつけて安心する。遊んでいるときも，楽しいことがあると「せんせい，見て見て，こんなできた」，面白い物をみつけては「せんせい，プレゼント」。思い通りにならないことがあると「せんせい，○○ちゃんが…」，ケガをしても「せんせい」と抱っこしてもらってやっと泣き止む。子どもたちが社会で初めて出会う「せんせい」を通して，子どもたちは発達を獲得していく。

　そのため筆者の幼稚園では，保育者がいつも子どもたちと顔を合わせることを基本とする環境を設定している。絵本や紙芝居を読むときも，保育者は必ず顔を隠さず，子どもたちから目を離さない。子どもたちは保育者の笑顔を見て，絵本の面白さに気づき，共感力を高め，人間関係の基礎を築いていく。3歳児は「せんせいと一緒」に遊び，「せんせいと一緒」から「ともだちと一緒」へと羽ばたく時期である。

（2）友だちとの遊びを楽しむ4歳児

　4歳児になると，園生活にも慣れ，安定感が感じられるようになる。身のまわりの始末もスムーズにできるようになり，生活習慣が自立してくる。幼稚園では，個人表示も絵柄シールでの表示からひらがな表示に代わる。紐をひっぱるだけの巾着袋に入れていたお弁当も，ナフキンで包んで，結んで，たたむことができるようになる。一人でできることが増えていくことで，自信につながり安定した園生活を送れるようになってくる。

　それにともない，友だちとの関わりも増え，今まで保育者に向けられてきた興味が友だちへと移行していく。横にいる友だちをしっかりと意識するようになり，一緒に遊んだり，一緒に食べたりする。友だちとしか味わえない遊びの醍醐味を味わうことなどを通して，友だちのすばらしさに気づくようになる。保育者は子どもたちが大勢で楽しめる活動を，繰り返しできる環境づくりを心がけている。

（3）自分で，友だちと意欲的に取り組む5歳児

　3歳の頃，ボールをなかなかつかめなかったが，5歳になると，友だちと一緒にドッヂボールを楽しむようになる。寒さに震えていたマラソンも，園外に出て長距離を元気に走るようになるなど，5歳児の身体の成長はめざましいものがある。5歳児は年少児の憧れであり，モデル的存在になっていく。

　筆者の幼稚園では5歳児になると，一人ひとりプランターに好きな野菜を育てる。水が足りずに成長が芳しくなかったり，虫に喰われて枯れてしまったりして，一生懸命世話をしている5歳児にとっては挫折しそうな経験をする。そんなとき，どうしたらよいか考えたり，調べたり，試したり，困難な状況を投げ出さず一生懸命取

り組む姿がみられる。
　また収穫した野菜を使って，カレーやホットドッグなど，年長者として年少児にご馳走をする。包丁で切ったり，材料を挟んだり，莫大な数や量の調理を率先して取り組み，年少児の喜ぶ姿に嬉しそうである。このように意欲的姿勢が多くみられ，身体と心が総合的に成長発達していくようすがうかがえる。

3. 子どもの発達についてできること

(1) 幼稚園・保育所でできること
　子どもの発達は，同年齢であっても一人ひとりの成長はさまざまである。保育者は，一人ひとりの子どもをしっかりと理解し，一人ひとりに応じた意図やねらいをもって発達を促していきたい。
　そのためには，まず子どもを受容すること，そして寄り添うことである。大人の目線ではなく，子どもの目線で子どもの気持ちを感じることが大切である。一緒に楽しみ，一緒に笑い，そして一緒に泣くことで，子どもがどんなことを楽しみ，どんなことに不安を感じているのかを理解し，共感することにつながる。まずは，保育者が膝を折って，子どもと目線を合わせ，名前を呼んで話すことから始めてみよう。そのうえで，成長を願い導くことである。年齢に応じた発達課題を踏まえて，一人ひとりの発達を理解し，個別課題を作成し取り組んでいきたい。そして定期的に保護者と話をしたり，保育者間でも共通理解を図り，多くの目で子どもを観察し，行動から発達を読み取り，援助していきたい。

(2) 家庭でできること
　子どもの発達には親子の愛情が基盤である。子どもの発達のようすは，時間をかけてじっくりと見守っていきたい。親は子どもの欠点やできない部分ばかりをみて，感情的に怒るのではなく，よいところをみてたくさんほめてあげたい。子どもが天狗になるくらいほめて育てたい。そのことで，少しずつ身のまわりの生活習慣が自立し，相手の気持ちに気づいたり，善悪の区別がついたりするなど，社会のルールの確立を促していきたい。また心配なことがある場合も，親が自分一人で判断したり思い悩んだりせず，幼稚園や保育所に相談したり，専門家の意見を聞いたりすることも大切である。

Column 1

子どもに読んであげたい「いのち」をみつめる絵本

　筆者の幼稚園では、毎月誕生会を開き、みんなで子どもたちの誕生日を祝っています。庭では小動物に触れたり、お世話をしたり、畑では野菜を作り、収穫をし、みんなで美味しくいただきます。これらの体験を通して、動物や植物の生命の尊さを実感できます。また、毎月身長と体重を測定し、身体が大きくなったことを喜んだり、友だちがお休みをすると心配したり、子どもたちが「いのち」を感じる機会を大切にしています。

　ここでは、「いのち」の大切さや「いのち」のすばらしさを子どもなりに、そして保育者も、保護者も、ともに感じることができる絵本を紹介します。幼稚園・保育所や家庭での読み聞かせを通して、子どもたちの「いのち」についての思いを育んでいきたいですね。

- 『かみさまからのおくりもの』　作・ひぐちみちこ / こぐま社
- 『おへそのあな』　作・長谷川義史 /BL 出版
- 『あかちゃんがやってきた』　作・角野栄子　絵・はたこうしろう / 福音館書店
- 『ちょっとだけ』　作・瀧村有子　絵・鈴木永子 / 福音館書店
- 『ぼくだけのこと』　作・森絵都　絵・スギヤマカナヨ / 理論社
- 『いもうとのにゅういん』　作・筒井頼子　絵・林明子 / 福音館書店
- 『わすれられないおくりもの』　作・スーザンバーレイ　絵・小川仁央 / 評論社
- 『おおきなおおきな木』　作・よこたきよし　絵・いもとようこ / 金の星社
- 『ぼくたち親子だよ　ダンゴムシの親子　まるちゃんたびにでる』
　　　　　　　　　　　　　写真・新開孝　文・麻生かづこ / 旺文社
- 『ジオジオのかんむり』　作・岸田衿子　絵・中谷千代子 / 福音館書店
- 『100 万回生きたねこ』　作・佐野洋子 / 講談社
- 『スーホの白い馬』　作・大塚勇三　絵・赤羽末吉 / 福音館書店　　　他

第2章
子どもの育ちを支えるもの

子どもの発達は何によって規定されるのであろうか。これについては，子どもがもつ生得的な要因が発達に大きく影響するという考え方，環境や経験が子どもの発達に影響するとの考え方，両要因が影響するとの考え方がある。第2章では，これらの考え方について解説する。

第1節　子どもの発達と遺伝・成熟

子どもの血液型は，両親の血液型によって決まる。また，子どもの身長も遺伝的要因による影響が大きい。このように私たちの身体の発達は，遺伝子のような生物学的要因によって規定されている。子どもの認識能力，知能，性格など心理的側面の発達にも，遺伝や素質など生得的要因によって規定されると考える立場がある。このような考えを，遺伝説もしくは生得説という。

1. 認知能力の発達

（1）知能の発達

知能の発達には，生得的な要因が深く関与することがいくつかの研究で報告されている。ドイツの心理学者ラインエール（Reinöhl, 1937）は，親の知能が子どもの知能に影響するのかについて検討している。約2,600人の親とその子ども約10,000人を対象に，親子間の知能の関係を調べている（図2-1）。その結果，両親の両方が高知能をもつ子どもの約70%が高知能であった。両親のいずれかが高知能の場合には，約33%の子どもが高知能であった。両親とも高知能でない場合は，10%の子どもの知能が高かった。この結果は，親の知能が子どもの知能に遺伝することを示し

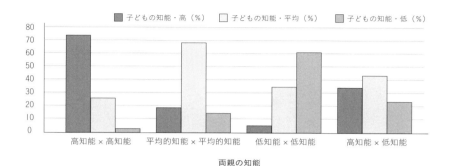

図 2-1　両親の知能と子どもの知能の関係（Reinöhl, 1937）

ている。

　遺伝や経験が子どもの発達にどのように影響するのかを調べる方法に双生児研究法がある。双生児研究法とは，知能や性格などについて，一卵性双生児どうしと二卵性双生児どうしで類似性を比較して，遺伝と環境による影響の大きさを調べる方法である。たとえば，一卵性双生児どうしの知能の類似性が，二卵性双生児どうしの知能の類似性よりも高ければ，知能は遺伝的要因によって影響を受けていることを意味する。一卵性双生児と二卵性双生児の類似性がほぼ同じであれば，知能は環境的要因の影響を受けやすいことが示唆される。類似性の指標として，双生児間の関係を数値化した相関係数を使うことが多く，相関係数の値（絶対値）が大きいほど類似性が高いことを示している。

　アメリカの心理学者ジェンセン（Jensen, 1969）は，双生児研究法を使って，知能の発達における遺伝と環境の影響を調べている（図2-2）。その結果，二卵性双生

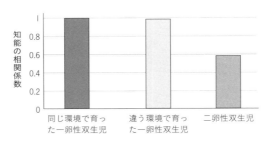

図 2-2　一卵性双生児と二卵性双生児の知能の相関（Jensen, 1969）

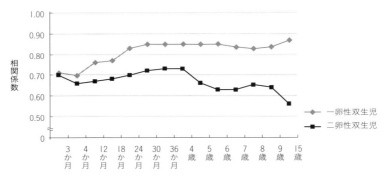

図 2-3　知能指数の相関の発達（Wilson, 1983; 安藤, 2000）

児よりも一卵性双生児の相関係数のほうが高かった。また，同じ環境で育った二卵性双生児間の相関係数よりも，環境の違う場所で育った一卵性双生児間の相関のほうが高かった。この結果は，知能の発達が，育つ環境や経験よりも，遺伝的要因が知能の発達に影響することを示している。ジェンセンは知能の 80％ は遺伝的に規定されると仮定している。

イギリスの心理学者スピアマン（Spearman, 1904）は，知能には能力全体に影響する一般知能と，個々の個別の課題で使われる特殊知能があることを仮定している。双生児研究から，一般知能の高い遺伝率が発見され，私たちの知能は遺伝的影響を受けていると仮定されている。

それでは，遺伝的要因の影響は年齢とともに小さくなるのであろうか。それとも，年齢とともに遺伝的要因の影響は大きくなるのであろうか。安藤（2000）によると，ウィルソン（Wilson, 1983）は年齢ごとに知能に遺伝的な要因が影響する割合を調べている。図 2-3 は一卵性双生児と二卵性双生児の知能指数の相関について図示し

たものである。一卵性双生児と二卵性双生児の差が遺伝的影響力を示すものである。この図から，年齢が増すほど，遺伝的要因が強くなることを示している。とくに4歳以前では，遺伝よりも経験の力が大きいが，4歳から5歳以降は遺伝的要因が強くなり，15歳以降は遺伝的要因の影響が大きくなることを示している。

(2) 言葉の発達

　言葉の発達は，経験や環境によって規定されるのであろうか。それとも，生得的に規定されているのであろうか。この点について，言語学者のチョムスキー（Chomsky, 1957）は，「普遍文法（universal grammar）」の考えを提唱し，人間は生得的な言語特性をもって生まれてくると仮定している。この普遍文法は学習や経験など後天的要因に影響されないと考えている。

　図2-4に示すように，人間には，言語を発語し理解するための知識やルールである言語獲得の能力である言語習得装置（LAD: language acquisition device）が生得的に備わっている。この考えを裏付けるものとして，どの母語でも言葉の習得は3歳から4歳の間で行われること，人間の言語発達のプロセスはほぼ同じであること，2, 3歳を境として語彙数が急激に増加するなどの事実がみられる。

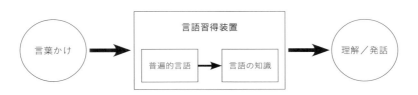

図 2-4　言語習得装置（Chomsky, 1965）

2. 性格の発達

　性格は遺伝的要因によって規定されるのだろうか。それとも環境の要因が強いのであろうか。この点について，アイゼンク（Eysenck, 1967）は，外向性や神経症傾向などの性格特性は遺伝的要因に規定されると仮定している。安藤（2000）は，双生児の神経質，外向性，創造性など遺伝の影響について検討している。図2-5は，一卵性双生児と二卵性双生児の類似性である相関係数を示したものであり，性格特性については，二卵性双生児よりも一卵性双生児の類似性が高いことがわかる。この結果は，性格については，環境的要因よりも遺伝的要因が強いことを示している。

　新生児は生得的に気質をもって生まれることがいくつかの研究で報告されている。トーマスとチェス（Thomas & Chess, 1984）は，ニューヨークの乳児を対象に気質について調べている。その結果，「育てやすい子ども（easy child）」「慣れにくい子ども（slow-to-warm-up child）」「難しい子ども（difficult child）」の3つの気質があることが明らかになった。育てやすい子どもとは，お腹の空く時間や眠くなる時間など生活リズムが規則的で，機嫌がよいときが多い子どもである。

　慣れにくい子どもとは，知らない人と会ったり，新しい場面になかなか慣れず，はじめは適応しにくく，引っ込み思案な子どもである。難しい子どもとは，性格リズムが不規則で，不機嫌になりやすく，嫌な時はすぐ気分に出る子どもである。こ

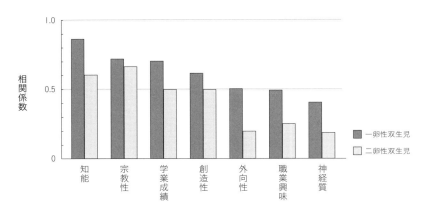

図2-5　心理的形質における双生児の類似性（安藤，2000）

れらの結果は，子どもの性格は生得的にもっている気質によるものであることを示している。

3. 成熟優位説

　教育や訓練は子どもが成熟してから始めるべきであるとする立場がある。これを成熟優位説といい，成熟する前から教育を行っても，その効果は永続的でなく短期で消えてしまうのだと考えている。また，早い時期から訓練や教育をすると，子どもの発達にとって有害であることが多いと考えている。

　アメリカの心理学者ゲゼル（Gesell, 1940）は人の発達は遺伝的な要因に規定され，教育など要因によって大きな影響は受けないと仮定している。個々の素質は生物学的なメカニズムに基づいて発達する。成熟を待ち，学習の基盤となるレディネスが出来上がってから学習すべきであると考えている。

　たとえば，ゲゼルとソンプトン（Gesell & Thompson, 1929）は，一卵性双生児を対象に階段登りの訓練を行い成熟と訓練について検討している。双生児の1人の子ども（A）が生後46週の時に6週間の訓練を行った。その結果，26秒で階段を登ることができた。双生児のもう1人の子ども（B）に52週の時に階段登りの訓練を2週間行った。その結果，10秒で階段を登れた。この結果は，成熟する前の早期の訓練には効果がないことを示している。また，ヒルガード（Hilgard, 1932）は，「ボタンはめ」や「はさみの紙切り」の練習を早期にすることが効果はあるかを検討している。練習当初，練習をした子どもは，練習をしていない子どもよりも「ボタンはめ」や「はさみの紙切り」の速さは優れていた。しかし，時間がたつと，練

習した子どもと練習していない子どもとの間に差はみられなかった。この結果も，早期の訓練は，成熟前には効果がないことを示している。

　早い年齢から読み書きの教育をすることは有効なのであろうか。成熟優位説が正しいのであれば，早期教育は効果がないことが考えられる。内田（1989）は，3，4歳での文字学習が後の文字の読みにどのような影響があるのかを調べている。その結果，3，4歳で文字を学習すると，当初は習得していない子どもよりも文字を習得している子どものほうが，本などの文字の読み書き能力は優れていた。しかしながら，3，4歳で文字を習得している子と習得していない子との差は，小学校入学後に急速に縮まり，1年生の9月には両者の差は消えてしまった。

　また，黒田（1972）は就学前に漢字教育を受けることが，小学校以降の学習にどのような効果があるのかを調べている。漢字の習得については，早期教育を受けなかった子どもよりも，漢字教育を受けた子どものほうが漢字を多く読むことができた。しかし，この差は小学校2年生頃に消滅した。また，早期教育を受けた子どもに国語嫌いが多かった。

　これらの研究結果は，早期教育は短期的な効果はあるが，長期的には効果がない可能性を示している。

Column 2

Q：「言葉の発達が遅いので，母親からどのようにすればいいのか相談がありました」

A：言葉の発達の遅れにはいろいろな原因が考えられます。

耳が聞こえにくくて言葉が出ない場合も考えられます。後ろから声をかけても振り向かなかったり，音に反応しないなどの状況があれば検査をして聞こえているかどうか調べてもらいましょう。また「あーあー」など声は出るが言葉にならない場合，日々の生活のなかでまわりからの言葉がけが少ないことも考えられるので，子どもの目を見てできるだけたくさん話しかけてあげてください。目線や行動で何か「サイン」を出してきたら状況を言葉で表したり共感したりして言葉をたくさん蓄積してあげてください。

まったく声も出ない場合は機能的な原因も考えられるので専門の病院に行くことをすすめます。また言葉は出るが，発音がはっきりしないとか，言葉の使い方がおかしい場合は個人差があるのでようすをみながら，できるだけ本人の話したい意欲を高め，訂正したり，叱ったりしないようにしっかり聞いてあげてください。それでも気になるようでしたら，「言葉の教室」など言葉の療育機関を紹介してもらいましょう。なお「さ行」が「た行」になる子どもがいますが，大きくなると自然に治ることが多いです。

memo

第2節　子どもの発達と環境・経験

子どもの発達は，一定の環境との関わりのなかで営まれるため，環境が子どもの発達を規定する要因であるという考え方がある。これを環境説もしくは経験説とよぶ。第2節では，子どもの発達の環境的影響について解説する。

1. 認知能力の発達

知能の発達に，教育の経験や養育態度など環境や経験が影響することが多くの研究で報告されている。ベイレイとシェファー（Bayley & Schafer, 1964）は，親の養育態度が知能の発達に影響するかどうかを検討している。その結果，知能の発達にプラスの効果をもつ養育の仕方として，自立心の尊重，賞賛，平等主義，愛情，成就への要請が高い養育があることを見いだしている。一方，知能の発達にマイナスの効果がある養育として，不安や干渉の多い養育態度がみられた。

子どもの発達に社会や文化といった環境要因が関与していることが示唆されている。これを裏づける研究として，私たちの認知様式が文化間で異なるという研究報告がある。たとえば，京都の金閣寺の風景を見たとき，いったいどこに目を向けるだろうか。金閣寺の壁の色，構造といった金閣寺の特徴に目を向けるだろうか。もしくは，金閣寺の周囲情報（池や山）に目を向けるだろうか。前者のように，中心となる情報（金閣寺）に注意を向けるスタイルを「分析的注意」，後者のように，

図 2-6　ミシガン・フィッシュ課題（Masuda & Nisbett, 2001）

人と物を取り巻く状況や文脈情報に注意を向けるスタイルを「包括的注意」とよぶ。文化心理学研究では，西洋文化圏の人は分析的注意，東洋文化圏の人は包括的注意傾向であることが仮定されている（Markus & Kitayama, 1991; Masuda & Nisbett, 2001）。たとえば，アメリカで育った人と日本で育った人を対象に，図2-6の絵について説明を求めた。その結果，日本で育った人は，魚の特徴など中心情報だけでなく，水の色，植物，水中生物など周囲情報についても言及した。他方，アメリカで育った人は，魚の特徴について言及するが，背景の情報についての言及は少なかった。

　このように異なる文化間で生じる違いはなぜ生じるのだろうか。その理由のひとつとして，東洋文化圏（とくに日本文化）では，周囲や状況に応じた行動が望ましいとされるため，自然に周囲の状況に注意を向けてしまうのではないかと考えられている。一方，西洋文化圏（とくにアメリカ文化）では，個人の意見をはっきり述べることが重んじられているため，自然に周囲の状況よりも，中心となる対象に注意を向けるのではないかと考えられている。近年，このような文化差がどのような神経基盤を媒介として生じているのかを明らかにするため，文化神経科学で，文化間の脳機能の差異が報告されている（Han & Northoff, 2008; Chiao et al., 2013）。

（1）初期経験と臨界期

　発達の初期における経験を初期経験という。この初期経験が後の発達に重要な影響をもつことが明らかになっている。たとえば，カモなどの鳥類は，孵化後数時間内に動いた物体を見ると，それ以降はその物体を追尾することがみられている。こ

れを刻印づけもしくはインプリンティングという。刻印づけは鳥類の親子関係を形成するための基礎的な要因であり，この刻印づけでできた関係は修正が不可能である。

鳥類だけでなく哺乳類でも，初期経験が重要な役割を担っていることが報告されている。リーセン（Riesen, 1947）は，チンパンジーを生後 16 か月間暗室で育てた。その結果，瞳孔反射や光を追視することはできた。しかし，目の前に提示された事物の認識ができなかった。

図 2-7　縦縞の部屋で育てられたネコ
（Blakemore & Cooper, 1970）

またブレイクモアとクーパー（Blakemore & Cooper, 1970）は，生後間もない 2 匹のネコを別々のタイプの部屋で 6 か月間育てた。1 匹のネコは，縦縞ばかりの部屋で育てられた（図 2-7）。もう 1 匹のネコは，横縞ばかりの部屋で育てられた。6 か月が過ぎ，ネコに縦方向の障害物のある課題と横方向の障害物のある課題を提示し行動を調べた。縦縞の部屋で育ったネコは，縦方向の障害物に対しては問題なくすり抜けることができたが，横方向の障害物に対しては何度もぶつかりすり抜けることができなかった。他方，横縞の部屋で育ったネコは，横方向の障害物に対しては問題なくすり抜けたが，縦方向の障害物に対してはすり抜けることができなかった。この結果は，視覚についての生後の環境や経験が，後の視覚発達などに影響することを示している。

このように，動物にとっては，初期の経験はその後の発達に重要な影響をもつことが明らかになっている。

（2）類人猿の言語習得

ヘイズ（Hayes, 1951）の研究では，類人猿に人間の言葉を教えても，人間の言葉を発しないことを見いだしている。類人猿が人間の言葉を発することができないのは，類人猿には人間の言葉を習得する素質が備わっていないためと考えられていた。これに対して，心理学者のガードナーら（Gardner & Gardner, 1969）は，類人猿には人間のような音声を出す発声器官に問題があり，そのことが言葉の発声を困難にしたのではと考えた。そこで，ガードナーは，ワシューと名づけたチンパン

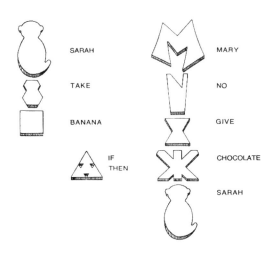

図 2-8 サラが学習した図形言語（Premack, 1976）

ジーに手話（ASL: American sign language）を教えた。その結果，ワシューは 2 年間で 30 語の手話を習得し，5 年間で 180 語以上の手話を習得したことが報告されている。また，手話を他のチンパンジーに教えたり，習得した手話を使って新しい言葉を造語することも観察された。たとえば，池でワシューはハクチョウを見たが，「ハクチョウ」という手話を学んでいなかった。しかし，「水」と「鳥」の 2 つの手話を使って，ハクチョウを表現することがみられた。

また，プレマック（Premack, 1976）は，サラと名づけたチンパンジーに図 2-8 のような図形言語を使った人間とサルのコミュニケーションを訓練した。その結果，

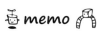

サラは5年間で130語の単語を学習した。習得した単語には，名詞や形容詞・動詞だけでなく，接続詞も含まれ，疑問文やifなどを用いた条件文を作成することができた。

これら類人猿の言語学習の結果は，言語を習得するための方法など環境や経験を変えることで，類人猿であっても言語の習得は可能であることを示唆している。

2. 性格の発達

子どもの性格は，子どもの育つ環境や経験に影響されることが，多くの研究で報告されている。養育態度や出生順序，文化などの要因が子どもの性格形成に影響することが見いだされている。

(1) 養育態度と性格

サイモンズ（Symonds, 1939）は，親の養育態度と性格との関係について調べている。その結果，図2-9のような親の養育態度を拒否−受容，支配−服従の2つの次元で分類できることを見いだした。2つの次元の組み合わせによって，親の養育態度を，支配と拒否が強い残酷型，支配と受容が強い過保護型，拒否と服従が強い無関心型，受容と服従の強い甘やかし型の4つにタイプ分けしている。これらの養育態度の違いによって，子どもの性格は異なることを明らかにした。たとえば，残酷型の養育をした場合，子どもは逃避的で，不安が強く，神経質な子どもになりやすい。過保護型の場合，子どもが幼児的で，依存的な行動が多くなる。無関心型の養育態度をとった場合，子どもは攻撃的で情緒が不安定になることが多い。甘やかし型の養育態度をとった場合，子どもは自己中心的で反抗的な態度が多くみられる。この結果は，親の養育という経験が子どもの性格に影響することを示している。

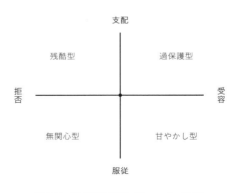

図2-9　親の養育態度（Symonds, 1939）

（2）きょうだい関係

上述したように，子どもの発達には多くの要因が関係しているが，出生順序も子どもの特徴的な性質や行動に影響を及ぼす。これまで，出生順序と性格について幾多の研究が行われてきたが，出生順序が子どもの発達に果たす影響を説明する理論については研究者どうしで異論が絶えない。しかし，長子や次子，末っ子の性格についてはいくつかの共通点がある。依田と深津（1963）は，出生順序と子どもの性格の関係を調べている。表2-1に示すように，長子の性格特徴として，自制的でひかえめ，仕事がていねい，話すよりも聞き手になりやすい，面倒なことを嫌うなど

表2-1　長子的性格と次子的性格（依田・深津，1963）

長子的性格	次子的性格
自制的	おしゃべり
話すより聞き手	父に甘える
仕事がていねい	母に告げ口
めんどうが嫌い	強情
気に入らないとだまりこむ	依存的
人前に出るのを嫌う	人まねがうまい
ひかえめ	食事の好き嫌いが多い
親切	お調子者
	母に甘える
	嫉妬
	外で遊ぶことが好き
	知ったかぶり
	父に告げ口

の傾向がみられる。他方，次子の性格特徴として，甘えん坊，親に告げ口をする，おしゃべり，嫉妬する，強情，活動的な傾向がみられる。

　このような出生順序の違いは，子どもの育った環境が異なるためと考えられる。長子の場合，誕生当初は大人のなかで育つが，自分の妹や弟など年下のきょうだいが誕生し，環境が急変する。また，親は長子に対していろいろと期待をすることが多く，相対的に年収も多くなく，子育てへの不安も高い時期での養育である。他方，次子の場合，誕生当時から子どものなかで育てられ，年長の兄姉から世話を受け，年上の兄姉の行動を観察して行動を学習できる。また，親は次子に対して多くの期待をかけないことがしばしばあり，養育経験も豊富であるため，養育に自信をもち，年収も多くなり，親の生活も安定している。このような養育環境の違いが，子どもの性格に影響している。

(3) 文化と性格

　アメリカの文化人類学者ミード（Mead, 1935）は，性格が文化という環境によって規定されることを示している。ミードは，ニューギニアのアラペッシュ族，ムンドグモール族，チャンブリ族の3つの部族の文化と性格を比較検討している。アラペッシュ族は，山間部に住み，仕事も共同で助け合う文化であった。男性も女性も性格は，全般的に温和で友好的な部族であった。子どもに対しても愛情をもって温かく接する養育態度がみられた。ムンドグモール族は河川沿いに住み近隣の部族と闘争が多く，他者にも厳しい態度をもつ文化であった。そのため，男性と女性の性格はともに攻撃的であった。また，子どもに対しては放任的で冷たい養育態度がみられた。チャンブリ族は平野部に住む部族で，男性が家事や育児をし，女性が田畑で農作物を作るという文化であった。男性の性格は従順で，服従的，消極的であったが，女性のほうは主導的で，積極的であった。この結果は，性格はそれぞれが住む文化に影響されることを示している。

3．教育優先論

　教育は成熟を待ち，成熟した後で教育をすればいいのであろうか。それに対して，成熟を待つのではなく，教育によってレディネスをつくり上げようとする教育優先論の立場がある。

それでは，子どものレディネスをどのようにつくり上げるのだろうか。これについて，ブルーナー（Bruner, 1960）は『教育の過程』という著書で，「どのような教科であっても，教育の仕方を工夫することによって効果的に教えることができる」と提案している。難しい内容であっても，具体的にかつ視覚的に学習する内容を提示し，教師や保育者がわかりやすく理解しやすい教え方や説明を工夫することで，子どもが理解できるのだと考えている。たとえば，8歳児であっても，仮説的な内容の2次関数を具体的かつ視覚的に提示することで理解させる教材を提示している。

　アメリカでは，1960年代にヘッドスタート計画（Project Head Start）という政策が提言・実行された。この計画では，低所得者層の就学前の子どもの健康な発育，発達を支援していくための補償教育であり，それによって学校や社会への適応をめざす国家事業であった。プロジェクトでは，子どもの発達や学習のさまざまな側面に影響を及ぼすような支援を行うため，小グループの指導，養育者の参加，保育者と養育者の連携，視聴覚教材などによる言語発達の支援などが含まれていた。プログラムの1つとして，セサミストリートというテレビ番組が構成された。低所得者層の子どもが小学校就学時に，少なくとも「アルファベット」や「10までの数」を数えられること，また学力の底上げをねらった番組である。このプロジェクトの成果として，学習機会に恵まれなかった子どもの，読み能力や数学的な能力を向上させた。しかし，このプログラムによる効果には個人差がみられたとの報告もある。

第3節　遺伝と環境との相互作用

1. 輻輳説

　子どもの発達は，環境と遺伝のいずれかの要因のみで規定されるわけではない。ドイツの心理学者シュテルン（Stern, 1983）は，遺伝と環境の加算的な効果が子どもの発達に影響することを仮定した輻輳説を提唱している。すなわち，発達は環境と遺伝の両方の要因が加算された結果であるという考えである。

$$発達 = 遺伝・素質 + 環境・経験$$

　たとえば，スポーツ能力や学力の素質が十分でない子どもには，多くの練習や学習を行うスケジュールを用意する必要がある。他方，スポーツ能力や学力の素質が十分である子どもは，短い時間の練習や学習のスケジュールで目標に到達できる。図2-10はルクセンブルガー（Luxenburger, 1937）による図式で，輻輳説を表したものである。縦軸は発達における環境と遺伝の割合，横軸は発達の各領域を表し，発達Xは，環境Uと遺伝Eが加算されたものであることを示している。

　ゴットシャルト（Gottshaldt, 1939）は，一卵性双生児どうしと二卵性双生児どうしの情動や知能についての遺伝係数を算出している。その結果，図2-11のように，遺伝的要素が感情触発性，衝動性，気分などの深層領域に大きく関与していることが示された。他方，思考や知能などの上層領域については，経験的要素が大きく関

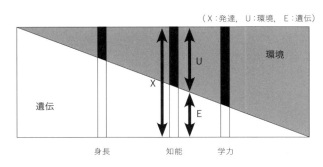

図2-10　ルクセンブルガーの図式（Luxenburger, 1937）

与しwhere明らかになった。このように，発達の領域によって遺伝と環境の要因の影響の割合が異なることが示唆される。

託摩（1967）は，異環境双生児の研究から子どもの発達に遺伝と環境がどのよう

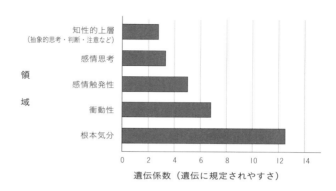

図 2-11　性格の各層の遺伝係数（Gottshaldt, 1939）

に影響するのかを検討している。異環境双生児とは，双生児として誕生したが，長期間，別々の養育者や異なった環境で生活した双生児である。発達が遺伝で規定されているのであれば，過ごした環境にかかわらず，双生児どうしに類似点が多くなることが予想される。他方，発達が経験や環境によって規定されているのであれば，双生児間で不一致な行動特性がみられるだろう。

託摩（1967）は，約 80 年間別々の環境で生活した A と B という双生児の男性の性格，趣味・嗜好，癖などを調べた。A と B は一卵性双生児として生まれたが，出生後間もなく別々の親そして異なった環境で育てられた。表 2-2 は，異なった環境で長期間生活してきた A と B の一致点と不一致点を，性格，趣味・嗜好，癖の特徴ごとにまとめたものである。

これらの結果から，一卵性双生児が異環境で生活した場合に，多くの一致点が確

表 2-2　異環境双生児の一致点と不一致点（詫摩，1967）

	一致点	不一致点
性格	緩慢，無口，短気，爆発的，涙もろい，努力家，几帳面，強情など	兄：より爆発的 弟：しつこい，やや疑い深い
趣味・嗜好	設計・読書を好む，芝居・映画を好まない，迷信を信じない，収集癖がある，間食をしない，中年より禁酒禁煙	兄：不器用，趣味が広い，動物を好む，肉食 弟：動物を好まない，菜食
癖	手を組む，部屋を行ったり来たりする，ため息をつく，肘をつく，鼻を鳴らす	

認できる。たとえば，2人は無口で真面目な性格であり，努力家で，ある程度の地位まで出世しているとの報告がある。性格の他にも，趣味・嗜好，癖についても共通点が多い。他方，性格，趣味・嗜好についてはいくつかの不一致な点がある。異環境双生児の事例から，ヒトの発達には，遺伝的要因と環境的要因がともに影響していることが示されている。

2．相互作用説

　発達は遺伝と経験の要因を加算的に積み重ねたものという輻輳説の考えで，発達の多くの現象を説明できるのだろうか。たとえば，同じ遺伝的な素質をもった子どもに，同じ時間量の学習や練習をさせた場合に，成績が伸びる子どももいれば伸びない子どももいる。遺伝と環境が加算的で受動的な関係であるとの考えだけでは，これらの現象は説明できない。

　輻輳説に対して，遺伝と経験が相乗的に，また力動的に関与すると仮定するのが相互作用説である。相互作用説では，遺伝的要因と環境的要因が相互に作用しながら発達していくのだと仮定している。

$$発達＝遺伝・素質 \times 環境・経験$$

　それでは，環境と遺伝はどのように関係しているのであろうか。これについて，ジェンセン（Jensen, 1969；東，1969）は環境閾値説を提唱している。図 2-12 に示されたように環境的要因が一定の基準（閾値）に到達したときに，遺伝的素質が発現するのだと仮定している。環境の閾値は遺伝特性によって異なる。また，遺伝特

性としてAからDの4つのタイプを仮定している。特性Aの場合（身長や発語など）は，環境条件が極端に悪くない限り遺伝的素質が発現する。特性Bの場合（知能など），環境条件が少し適合するだけで遺伝的素質が発現する。特性Cの場合（学業成績など），環境条件が優れていないと遺伝的素質は発現しない。特性Dの場合（絶対音感など），環境条件がきわめて優れていると遺伝的素質が発現する。

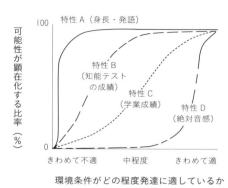

図2-12　環境閾値説（Jensen, 1969）

また，環境に対して受動的ではなく，能動的に関わることが重要であることが，ヘルドとヘイン（Held & Hein, 1963）によって行われたネコの実験で報告されている。2匹のネコを図2-13のような縞模様の壁紙が貼られ

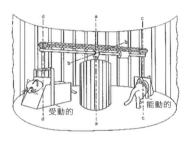

図2-13　能動的経験と受動的経験（Held & Hein, 1963）

た円形の部屋に入れて飼育した。このうちAのネコは自分で歩いて部屋の中を見渡して生活を送った。他方，Bのネコはゴンドラの中で座ったまま部屋の中を見渡

して生活を送った。その後，両方のネコに知覚能力を測定するテストを行ったところ，能動的に部屋を動き回ったAのネコが，ゴンドラで受け身的に部屋を見ていたBのネコよりも知覚能力が高かった。この結果は，子どもにどれだけ多くの環境を与えるかどうかよりも，子どもが環境に対してどれだけ，主体的に関われるかが発達にとって重要であることを示している。

サベージ＝ランボウ（Savage-Rumbaugh, 1986）は人間に最も近い類人猿であるボノボに言語を教え，言語習得の可能性について研究した。カンジと名づけられたボノボは，実験者の話す英語を理解し，384語の絵文字の書かれたキーボードを使って自身の意思を伝えられることが確認された。言語のみならず，人間と触れ合うことで，道具作り，パソコンゲームなど人間並みの驚異の能力が証明された。カンジは，人間並みの言語理解力を示しているが，人間との決定的な違いは音声操作能力の有無であった。人間と比べ音声操作能力の乏しいカンジは，自己の動作や叫び声，与えられたキーボードを使う範囲内でしか自身の意思を伝えることができないという限界があった。このようにカンジの限界は確認されたものの，サベージ＝ランボウは，類人猿でも人間と能動的に触れ合うことで言語習得ができることを示唆している。

3. 子どもの主体的な教育

保育や教育においても，成熟と環境・経験の相互作用は重要であると考えられている。ピアジェ（Piaget, 1950）は，大人などからの働きかけや知識の伝授によって発達していくのではないと考えている。子どもの成熟によるシェマが発達し，発達水準に合った環境が重要であると考えている。子どもが外界に主体的に働きかけ，自分のシェマを適応させる同化を行い，シェマでは同化できない場合は均衡化を行うためにシェマを修正する調節により知識を再体制化して発達していくと考えている（図2-14）。

また，ヴィゴツキー（Vygotsky, 1956）も，子どもの社会との相互作用を重視している。発達には，自分の力だけで到達できる発達の水準と大人や仲間の支援で到達できる水準の2つがあると仮定している。このような考えを発達の最近接領域仮説として提唱している（図2-15）。すなわち，大人などの支援なしに行える発達のレベルがあるが，大人や仲間など環境の要因が影響する発達のレベルもあることを仮定している。子どもが保育者からヒントを与えられることや，年長の子どもと一緒に活動をす

ることで解決が可能なことがある。

有効な支援として足場づくりがある。現在の水準より少し上のレベルの学習をもたらす場面や課題などの環境を用意する。そのような環境で、子どもが主体的に課題に取り組み、困った場合に年長の子どもや保育者からの助言や援助を受けたり、みんなで一緒に考えて、能動的に問題解決を行っていく。このような活動を通して、子どもの発達が進行していくと仮定している。

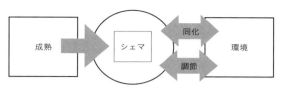

図 2-14　発達における同化と調節

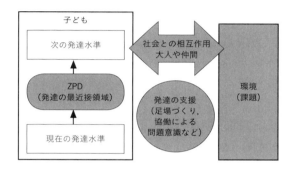

図 2-15　発達の最近接領域（Vygotsky, 1956）

ピアジェやヴィゴツキーの発達理論では、保育や教育において、保育者が子どもたちのために多くの優れた環境を用意することも重要であるが、その環境に対して子どもがどのように能動的かつ主体的に関われるかを考慮することも重要であることを示している。

第 3 章

乳児の発達

第 1 節　乳児の能力

　乳児期は，一生の中で最も発達がめざましい時期である。本説では，1．運動発達，2．認知発達に関する知見を紹介する。

1．運動発達

　生後1年間で，出生時約3,000gの体重は約3倍，約50cmの身長は1.5倍になる。身体面の成長とともに，手足をバタバタ動かす→首を動かす→おすわりをする→ハイハイをする→つかまり立ちをする→一人で立つ，というように運動面も大きく変化する。運動発達過程は，さまざまな運動パターンや運動スキルを獲得していく過程である一方，身体活動により自己を知り，環境を認識する過程でもある。

　新生児期から生後4・5か月頃の運動発達の特徴は，反射行動である。反射行動とは，手足を無目的に動かしたり，外界からの刺激を受けたとき，特定のパターン化された動作が無意識に生じる運動である。もっとも強い反射は，食物摂取に関する哺乳反射，吸啜反射（図3-1），咽頭反射であり，赤ちゃんは生まれてすぐこれらの動作ができるので，栄養摂取が可能となる。その他，よくみられる反射行動には，手のひらに触れたものを握る把握反射，驚いたときに両手を挙げるモロー反射がある。生後半年頃を過ぎると，反射運動が徐々に消失し，代わりに自らの意思をともなう随意運動が出現する。随意運動が出現する時期は運動内容によって異なるが，3か月から7か月頃が多い。0歳か

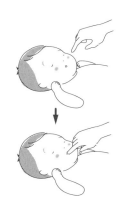

図3-1　吸啜反射

ら1歳にかけて，反射に支配されていた単純な運動行為が，意図をもった複雑な運動行為へ発達していくのである（図3-2）。一定の時期を過ぎても反射が残っている場合には脳に関係した障害が疑われることが多いため，運動発達に大幅な遅れがないかを把握することは乳児期の発達を評価するうえで重要である。

図 3-2　自分で意図的に食事をする

2. 認知発達

(1) ピアジェの認知発達論

　外界の対象物を知覚して，それが何かを判断したり，記憶したりすることの総称を認知という。乳児が外界の刺激を認知していくとき，自分で自分の身体を繰り返し動かしながら，能動的に自分のまわりのモノやヒトに働きかける。その結果生じる感覚を通して，乳児は自分自身，また，自分以外の人やモノの存在を認識していく。3か月頃の子どもは，自分の手をよく見るが，6か月頃の子どもは物体を触ろうとするようになり，運動の対象は自己からモノやヒトへと遷移していく。こうした特徴から，ピアジェ（Piaget, J.）はこの時期の乳児を，「感覚運動期」にあると述べている。

　ピアジェが論じた「感覚運動期」は6つの発達段階から構成される。第1段階（0～1か月）とは，乳児は反射行動によって環境に関わる段階である。第2段階では（1～4か月），たとえば指吸いのような赤ちゃんにとって快が生じる反射行動は何度も繰り返され（第1次循環反応），単純な習慣が成立する。第3段階（4～8か月）

では，ガラガラをつかんで振る遊びを繰り返す等，モノを介した循環反応がみられるようになる（第2次循環反応）。目と手の協応により，モノを目で見て，つかむ，口元へ運ぶといった動作がみられ，行為そのものから，行為の結果に関心をもつようになる。第4段階（8〜12か月）では，乳児の目の前でおもちゃに布をかぶせると，乳児はそのおもちゃが消えたわけではなく，その場に存在することが理解できるようになる。一時的にモノが見えなくても，本当に消えたわけではないことを理解していることを，「対象の永続性の理解」という。「いない・いない・ばあ」遊びは，乳児が一時的に目の前の大人の顔が見えなくても，再び顔が現れることを予測することによって成立する遊びであり，「対象の永続性の理解」の発達と関係している。第5段階（12〜18か月）になると，試行錯誤的に因果関係を調べながら，事象の性質を探索するようになる（第3次循環反応）。最後の第6段階（18〜24か月）では，積み木を自動車に見立てる象徴遊び等，目の前に手本がなくても，以前に見たり聞いたりした経験を，心の中でイメージや言葉などで思い浮かべる（表象）ことができるようになる。

　ピアジェは，ヒトがどのようなメカニズムで環境を認知し適応していくのかを論じている。ピアジェが提唱した認知発達論では，ヒトは，認知の基礎となるシェマ（情報処理の枠組み）をもとに外界の刺激を認識したり（同化），シェマを変化させないと認識できない刺激に対峙したときは環境に合わせてシェマを変化させながら（調節），感覚運動的シェマを発達させていく存在ととらえている。

（2）乳児の認知

　近年，乳児がもつ認知機能を比較的簡便に測定できるようになったことで，乳児は，従来考えられていたより有能であることが明らかになっている。乳児は，まわりの環境に能動的に働きかけるようになる前から，すでにまわりの刺激を受動的に取り込むことによって知覚・認知能力を発達させ，外界の刺激をきわめて敏感に認識し，視覚的な情報を理解し，記憶し，文脈や，因果理解もできることが明らかになっている。

①乳児の特性を活かした選好注視法と馴化・脱馴化法からの知見

　新生児や乳幼児の認知機能を調べる方法には，脳波や心電図などの生理指標や，選好注視法や馴化・脱馴化法がある。

選好注視法とは，乳児がモノを見るとき，好きなものを選び，注視する（選好）性質を利用した方法である。2つの対象に対する注視時間の偏りから，乳児が刺激を弁別しているか否かが判断できる。ファンツ（Fantz, 1961）は，選好注視法を利用して，新生児や生後6か月の乳児の視覚的な情報の理解を調べている（図3-3）。複雑な図形（人の顔を描いたもの，新聞の一部を貼ったもの，同心円模様を描いたもの）と単純な図形（無地で赤，白，黄色の3種類）を対提示した結果，注視時間は人の顔が最も長く，新聞の文字や同心円模様が次に長かった。このことから，乳児は図形の複雑性を区別することができ，より複雑なパターンを好む傾向をもっていることがわかる。

　馴化・脱馴化法は，一定の刺激が繰り返されると飽きてしまう乳児の性質を利用した方法である。赤ちゃんは，ある刺激を呈示されると，注意が喚起され，そちらに顔を向けたり注視するような反応をはっきりと示すが，刺激がそのまま繰り返されると，徐々に馴れ，注視反応は減少する。この一連の過程を馴化という。馴化の後，最初とは異なる刺激が呈示されると，新しい刺激に対して再び注意が喚起され，はっきりとした反応が生じる。これを脱馴化という。乳児に特定の刺激を繰り返し呈示し，馴化させた後に新しい刺激を呈示した場合に，新奇刺激に対して，乳児の行動（たとえば乳首を吸う動き）や心拍に変化が生じ

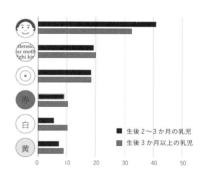

図3-3　視覚提示時の乳児の注視時間
（Fantz, 1961）

たならば，脱馴化が生じているのであり，乳児は少なくとも両者を区別しているといえる。

②模倣行動

メルツォフとムーア（Meltzoff & Moore, 1994）は，生後間もない新生児に向かって，大人が舌を出したり，口をすぼめて突き出したり，口を開けたりしてみせると，偶然に起こるよりも高い確率で，新生児も自分の舌をだしたり，口をすぼめて突き出したり，口を開けたり，大人と同じ顔の動きをすることを明らかにした。このような現象は新生児模倣とよばれている。なぜ生まれたばかりの赤ちゃんにこうしたことが可能なのかは未だ明らかではないが，新生児模倣は生後すぐにみられ，生後3～4か月のうちに徐々に消失することがわかっている。

生後8～12か月になると，赤ちゃんは再び表情の模倣を行うようになる。顔の模倣を行うためには，乳児はまず大人の顔の動きを視覚的にとらえ，かつ，動いた部位と一致する自身の顔の部位を動かさねばならない。この動作を行うには自分の顔をどのように動かしたらどのように見えるかをイメージする表象能力が発達することが必要である。新生児期にみられる大人の顔の模倣は，後に現れてくる乳児の模倣と同じものではなく，生得的に備わっている共鳴動作としてとらえられており，外的な身体部位に関する視覚情報と子どもの身体部位およびその動作を統合するプログラムが生得的に新生児の内部に組み込まれているのではないかと考えられている。

③乳児期の因果関係の理解：物理的現象や数の認識など

1歳頃になると，物理現象を説明するためのかなり洗練された理論をもっていることもわかっている（Baillargeon et al., 1995; Spelke, 1991）。たとえば，物理分野における，衝突の因果関係に気づいていることがあげられる。転がってきたボールがついたての陰に隠れ，ついたてから新しい違うボールがでてくると，乳児はボールがぶつかったために動きだしたと考えるようで，そのことを不自然には思わないが，ボールがぶつからず新しいボールが動きだすアニメをみせられると異様に感じるようである。また，生後3～5か月時点において，モノが自分の眼前から消えて見えなくなっても，そのモノはちゃんと存在し続けるという対象の永続性を理解していること（Baillargeon, 1987）や，生物は自発的な運動が可能だが無生物は自

発的な運動ができず外からの力が必要であるといった生物と非生物の区別が可能であること（Spelke et al., 1995），足し算と引き算の出来事状況を区別していること（Wynn, 1992）が報告されている。

ウィン（Wynn, 1992）は5か月児でも簡単な足し算，引き算を理解できることを実験的に明らかにしている（図3-4）。5か月児を対象に実施した，人形を使った計算課題を紹介する。はじめに，人形を1つ示し，ついたてを人形の前に置いて，人形を見えない状態にする。そのついたての裏に，新たな人形を置くようすを赤ちゃんに見せる。これで，ついたての裏の人形の数は2体になったはずである。ついたてを取り去ったときに，人形の数が2体だと，赤ちゃんの期待と一致した，通常の状況であり，これを可能事象とよぶ。しかし，人形の数が1体しかないと（不可能事象），赤ちゃんの期待を裏切ったことになる。つまり，1＋1＝1（不可能事象），1＋1＝2（可能事象）の条件である。あり得る出来事とあり得ない事態を見せ，注視時間を比較した。その結果，5か月児は，可能事象よりも不可能事象のほうを長く見ていたのである。この結果は，乳児期にすでに生得的な計算能力があることを示唆するものである。

近年の乳児の認知発達に関する研究は，生後間もない乳児でも，ある特定の概念領域については非常に豊富な知識をもっており，さらに，「〜だから…のはず」という思考を生得的にもっているという意見が主流である。ただ，ある概念領域は非常に誤認識が起こりやすく，大人のもつ概念や科学的概念の理解に至るまでには，高いハードルを越えなければならない。そこで，重要となってくるのが教育・保育である。

「1+1=1」もしくは「1+1=2」事象の実験手順

1. 人形が1体舞台に提示される
2. 人形の前についたてが置かれる
3. 新たな人形を（手に持ち）ついたての裏に置くふりをする
4. 手には何も持っていない

5. 可能事象：ついたてが取り除かれたとき人形が2体ある

5. 不可能事象：ついたてが取り除かれたとき人形が1体ある

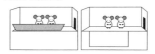
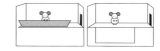

図3-4　足し算能力の研究で用いられた刺激（Wynn, 1992）

第2節　乳児の気質

　子どもは白紙のまま生まれ，いろいろな経験を経て性格などの個性ができ上がるのであろうか。それとも，子どもは個性をもって生まれてくるのであろうか。生後すぐの赤ちゃんをみてみると，おとなしい赤ちゃん，機嫌のいい赤ちゃん，神経質な赤ちゃんなどさまざまな個性をもった赤ちゃんがいる。第3節では，乳児の個性と気質に焦点を当てて解説する。

1．気質論と行動特徴

　人の個性は，日常の行動や性格として表れることが多い。性格とは，その人を特徴づける一貫した持続的な行動や思考を支える心理的な特性である。物静か，せっかち，真面目，口数が少ないなどの用語で性格が記述される。

　性格のなかでも，生得的な部分を気質（temperament）という。図3-5に示されるように，性格は多様な性格の層で構成された多層的構造になっている。中心部は気質で，遺伝的・生物学的なものが基盤となっている。さらに外側には，母親・父親・きょうだい・仲間などいろいろな経験や環境で形成された人格，日常の生活で

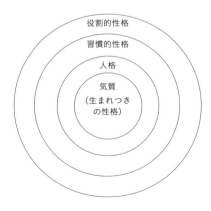

図3-5　**性格の構造**（宮城，1960）

言動や行動として習慣化されている習慣的性格，集団のメンバーやリーダーなど与えられた役割のなかで形成された役割的性格などで構成されている。気質は，私たちの性格の核になる領域であり，どのような気質をもって生まれるかにより，後々の上位の層にある性格の基礎になると考えられる。

古代ギリシャ時代の頃から，ヒポクラテス（Hippocrates）をはじめ多くの賢人は気質を議論することで，人間の行動を理解しようとする試みが行われてきた。医学者であるガレノス（Galenus, C.）は体液理論に由来する理論を提唱している。この体液理論に基づく気質論では，体液のバランスによって「多血質」「粘液質」「胆汁質」「黒胆汁質」の４つの気質類型に分けている。多血質タイプの人は社交的で快活なコミュニケーションをする傾向があり，粘液質の人は重厚感のある雰囲気で威厳のある態度をとる傾向があり，胆汁質の人は行動力と決断力に優れ強いリーダーシップを発揮する傾向があり，黒胆汁質の人は，憂鬱感と失望感を抱き非社交的な傾向が強いと仮定されている。

また，近代になって精神科医のクレッチマー（Kretschmer, 1921）は，気質を循

表 3-1　クレッチマーの気質論（Kretschmer, 1921）

気　質	特　徴
循環気質	社交的であり，明朗で快活な反面寡黙で陰鬱な気分が交互に現れる。
分裂気質	非社交的，無口，生真面目，用心深さといった特徴と，敏感な反面狭量な面をもっている。
粘着気質	几帳面で粘り強く，義理堅い。

肥満型　　　　　　筋肉型　　　　　　細身型

図 3-6　クレッチマーの気質に対応する体型（Kretschmer, 1921）

環気質，分裂気質，粘着気質の3つに分け，表3-1のような類型論を提唱している。それぞれの気質に該当する人は，特徴的な行動をすると考えている。そして，それぞれの気質の人は，体型にも細身型，肥満型，筋肉型などに対応し，生物学的要因が強く反映されている（図3-6）。このように，成人を対象とした気質論については，古代から現代までいろいろな研究者によって議論されている。

2. 乳児の気質

　同じ親が同じように赤ちゃんを育てても，それぞれ異なった個性をもっている。たとえば，1人の赤ちゃんはよく泣くが，もう1人の赤ちゃんはいつも笑顔でいるということを見かける。生まれて間もない乳児にも気質があるのであろうか。気質があるとすれば，どのような特徴があるのだろう。

(1) 気質と特性

　赤ちゃんも個性をもって生まれてくることが多くの研究で報告されている。トーマスとチェス（Thomas & Chess, 1977）は，ニューヨークで乳児の気質について縦断的研究（NYLS: New York Longitudinal Study）を行っている。この研究では，生後2,3か月の乳児140名以上の85家族を対象に，母親と面接し子どもの行動を記録している。その結果，乳児の気質を記述する因子として，9つの特性を見いだしている。9つの特性とは，活動水準，周期性，接近性，順応性，反応の強さ，敏感性，気分の質，気の散りやすさ，注意の範囲と持続性である。

①活動水準：「ベッドで大人しく寝ている」など，子どもの活動時間や頻度。

②周期性：「決まった時間にねむくなる」など食事や睡眠など生理的機能の規則性。
③接近性：「初めての人に抱かれるのを嫌がらない」など，初めて出会ったものを積極的に受け入れるか拒否する傾向。
④順応性：「新しい場所に慣れるのに時間がかかる」など環境の変化に慣れる傾向。
⑤反応の強さ：「知らない人がいると強く泣く」など反応を強く示す傾向。
⑥敏感性：「部屋が明るくなると驚く」など刺激にどれだけ敏感に反応する傾向。
⑦気分の質：「おむつを替えるとうれしそうな声を出す」など嬉しそうな行動や楽しそうな行動を占める傾向。
⑧気の散りやすさ：「ミルクを飲んでいるときに，音がすると吸うのをやめる」など外的刺激で行動が妨げられる傾向。
⑨注意の範囲と持続性：「気に入った玩具で長時間遊ぶ」などの行動を長時間維持する傾向。

これら9つの特性の組み合わせによって，トーマスとチェスは「育てやすい子ども（easy child）」「慣れにくい子ども（slow to warm up child）」「難しい子ども（difficult child）」の3つの気質類型と，それ以外の子ども（other child）に分類している。「育てやすい子ども」とは，空腹の時間や睡眠時間などのリズムが規則的であるとか，機嫌がよい時間が長いなどの特徴がみられる。「慣れにくい子ども」とは，違った環境ではなかなかなれない，知らない人に出会うと恥ずかしがるなどの特徴がみられる。「難しい子ども」とは，空腹の時間や睡眠時間などのリズムが

不規則である,不機嫌になりやすい,変化に慣れにくいなどの特徴がある。それぞれの子どもの割合は,「育てやすい子ども」で約40％,「慣れにくい子ども」で約15％,「難しい子ども」で約10％であった。

子どもの親との面接から,「難しい子ども」の親の子どもへの接し方や養育態度については,他の親とまったく違っていなかった。このことは,これらの気質が親の養育態度とは関連しない生得的な傾向であることを示している。

(2) 気質を調べるための質問紙検査

トーマスとチェスは,乳児の気質を面接によってこれらの特性を明らかにしている。キャリー(Carey, W. B.)は,トーマスとチェスの研究で見いだした特性に基づいて子どもの気質を調べるための質問紙法を作成している。1つは,ITQ (Infant Temperament Questionnaire) を改訂したRITQ (Revised Infant Temperament Questionnaire; Carey & McDevitt, 1978)で,生後4か月から8か月の乳児用の気質尺度である。もう1つはTTS (Toddler Temperament Scale; Fullard et al., 1984)で,1歳から3歳の幼児用の質問紙である。

ところで,NY研究で仮定された9つの特性に対して,気質は少ない特性で構成されているのではないかとの研究も多くみられる。シーズンら(Sanson et al., 1987)は「接近」「食事への神経質さ」「規則性」「協調性／従順さ」「感覚閾値」の5つの因子を発見している。また,日本での研究でも,9特徴のすべての因子は確認されていない(菅原ら, 1994)。菅原ら(1994)は,新奇な対人場面での「見知らぬ人・場所への恐れ」,体内リズムに関する「周期の規則性」自己制御性に関する「フラストレーション・トレランス」,遊び場面を中注力に関する「注意の持続性と固執性」,感覚閾値に関する「視聴覚的敏感さ」の5つの特性を確認している。

3. 気質に及ぼす養育・環境

(1) 気質から将来の行動の予測

トーマスとチェスの研究で見いだされた9つの特性は,その後の子どもの行動を予測できるのであろうか。トーマスとチェスの研究では,幼児期から学童期までこれらの特性を持続することを報告している。

また,菅原ら(1994)の研究でも,図3-7で示したように,生後6か月と生後18

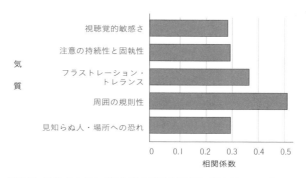

図 3-7　生後 6 か月と 18 か月の気質の安定性（菅原ら，1994）

か月では，特性の行動は安定していることを示している。これらの結果は，これらの気質はかなり安定しているものと思われる。

　乳幼児の気質は，幼児期などその後の行動に影響するのであろうか。水野と本城（1998）は，乳児期（11 か月）の気質と幼児期（3 歳 7 か月）での自己制御機能の関係を調べている。その結果，乳児期に扱いやすい子どものほうが，幼児期で自己主張ができやすいことが見いだされ，乳児の気質が幼児の行動に影響することを示している。乳児期の気質が幼児期の行動を一義的に規定するものではなく，養育の仕方など子どものまわりの環境の要因などによっても変化しうる可能性がある。

(2) 気質と育児

母親にとって,「育てやすい子ども」は子育てが大変容易である。そのため,母親は自分の行っている子育てに自信をもち,子育てにおいても心理的負担は少ない。育児不安も低いだろう。他方,「慣れにくい子ども」は,知らない環境や見知らぬ人と会う場合,子どもは引っ込み思案である。そのため,母親が外出したり,他人との接触の機会が十分に取りにくくなることが多い。また,「難しい子ども」の場合は,食事や排せつなどの時間が不規則であり,変化に適応しにくい。そのため,養育が難しく感じられ,大変ストレスを感じやすく,育児ストレスや不安を感じやすいと考えられる。トーマスとチェスの研究でも,調査を行った当時の,親の養育で子どもの行動が決まるという考え方が母親に強くあった。そのため,困難な子どもを養育する親のなかには,自分の養育について罪悪感や無力感を強くもつ親も多くみられた。

斎藤(1998)は,乳児期の気質と母親の育児との関係を調べている(図3-8)。その結果,自分の子どもが気質的に問題のある子どもの母親は,育児に対する自信をなくしていることが示されている。とくに,家族関係に問題があり,気質的特徴が難しい子どもの場合には,母親の愛着は低くなることも示している。また,水野ら(1994)は日本語版のRITQを用いて,6か月の乳児の母親を参加者として,子どもの気質と母親の育児不安の関係を調べている。その結果,「育てやすい子ども」の母親は「難しい子ども」の母親よりも育児不安が低いことが認められた。また,

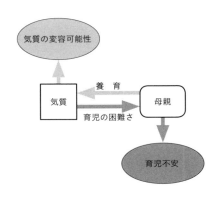

図3-8　子どもの気質と母親の育児

順応性，気分の質・持続性，気の散りやすさ，育児不安で差がみられた。これらの結果は，子どもの気質が母親の子育てに強い影響をもっていることを示している。

　乳児の気質が生得的な傾向は強いが，この気質は環境や経験によって影響を受けないのであろうか。この点について，草薙ら（2014）は，心理社会要因が子どもの気質発達に影響することを見いだしている。この結果は，乳児はそれぞれ気質をもって生まれてくるが，その後の養育の仕方や家族や仲間関係，保育所や幼稚園など集団との関係のなかで変化していくことを示唆している。

第3節　乳幼児の支援

1. 0歳から1歳までの発達

(1) 意思をもった0歳児

0歳児は，人間の発達で，最も成長の著しいときである。この時期に十分な「心と体の養護」が必要である。そしてこの時期の発達の基礎となるのは「信頼できる人との人間関係」である。この時期から子どもは意思をもって行動している。生後6か月から保育所に入園した0歳児の発達のようすをみてみよう。

(2) 意思をもった運動

生後6か月の0歳児は，まだ自分で座ることができず，コンビラックやベッドで寝ている。寝た状態で，保育者からミルクを飲ませてもらい，言葉をかけてもらう受け身的な状態である。一見受け身的な0歳児でも，意思をしっかりもち，大人にいろいろな発信をしてくる。たとえば，保育者が自分の膝の上に0歳児をのせてピョンピョンと跳ねさせると，乳児は自分で足をしっかり踏ん張り，足の屈伸をする。また，保育者が乳児を縦抱きにすると，乳児は自分の体幹を使って身体を伸ばしてくる。自分を抱いてくれる大人に体を委ねてくるのである。

(3) まわりの大人や友だちを意識した一人遊び

0歳児の遊びは，玩具をつかんだり，物を放り投げるなどの一人遊びがほとんどである。しかし，一人遊びであっても，自分の世界で遊んでいるのではない。自分のまわりの保育者や友だちを十分意識している。

乳児が「ぽっとん落とし」をして遊んでいる（図3-9）。遊びはじめ，乳児が玩具を箱の中に落とそうとするが，なかなか落とすことができない。いろいろと試しているうちに，その玩具をうまく落とせた。その時，乳児は必ず保育者を見る。自分は「できた」

図3-9　ぽっとん落とし

というような笑顔をして、保育者のほうを見る。「できたね」と保育者が声をかけると、乳児はとても満足そうな表情をする。そんな時、まわりの子も寄ってきて一緒に遊びだすことがある。他の乳児もその遊びに興味を示し、同じ玩具を欲しがり取ろうとしたり、同じおもちゃを探しに行くようすがみられる。

このように一見、乳児が自分の世界で一人遊びをしているようにみえるが、そうではない。乳児のまわりに一緒に共感してくれる大人や友だちがいることが重要である。まわりに一緒に共感してくれる大人や友だちがいないと、一人遊びは長続きしないし、発展していかない。

(4) 人間関係のなかで育つ言葉

0歳児の言葉の発達は、時間とともに発達するのではない。どれだけ多くの人からたくさん言葉をかけてもらったのか、どれだけ多く笑いかけてもらったか、どれだけまわりの友だちや大人から相手をしてもらったかが、言葉の発達にとって重要である。

表3-2　言語の発達段階

喃語の時期	大人に相手をしてもらうと、顔を見てにっこり笑うようになる。そして「あー」「うー」「きゃー」など声を出して笑う。
片言の時期	「マンマ」「ブーブー」「ワンワン」など片言が出始めると、意思や要求が言葉で表現される。まわりの大人の顔を見て片言を言うようになる。
1語文の時期	「アンパンマン」「イヌ」「おちゃ」などの1語文がでる。まわりの大人の顔を見ながら、反応をうかがいながら話すようになる。
2語文の時期	「イヌきた」「おちゃほしい」などの2語文につながり、やがて3語文おしゃべりへと育っていく。自分の思っていることをまわりの子どもや大人に向かってお話をする。

どれだけ多くの言葉を発するかが大事なだけでなく，乳児のまわりの人とどれだけコミュニケーションできるかが重要である。言葉はコミュニケーションを助ける媒体であり，相手に自分の思いを言葉で伝えたいという気持ちから育つものである。

乳児の言葉はまわりとのコミュニケーションでどのように発達していくのか，言葉の発達段階を表3-2に示した。

言葉が出始める時期は個人差があり，早い子は1歳6か月頃から2語文がでる子もいれば，3歳になってもしゃべらない子もいる。まわりの大人や子どもがしっかり話しかけて，その子の気持ちを代弁することが重要である。

(5) 興味や好奇心で育つ認識

0歳児の認識は，興味や好奇心が大きな原動力になっている。そして大人が，子どもの興味や好奇心とどれだけ多く関わるかが大変重要である。

たとえば，0歳児は自分が関心や興味のある物を指さすことが多い。子どもが指をさすときに，保育者が子どもの顔を見ながら「きれいな花ね」「あっ，蝶々だね」と答えると，子どもは次々と「あれは？」「これは？」といろいろなものに興味を示すようになる。また0歳児の行動をしているときに，保育者がその行動を見ながら「楽しいね」「痛かったね」と子どもの気持ちを代弁することで，その「言葉かけ」によって子どもの情感や情動が豊かに育つのである。

2．1歳から3歳までの発達

筆者の保育園では，1歳児は園児5人に対して1人の保育士が担当している。そして，現在15人の園児に3人の担任がいる。「担当制」をとっていて1人の保育士が1年間を通して5人の園児を担当している。同じ場所で15人の園児と保育士が生活しているが，園児と1対1の関係をしっかりとつくるために小集団で個別対応を大事にしている。

(1) 集団での葛藤のなかで育つ子ども

1歳児になると，足腰がしっかりしてきて，靴をはいて歩いたり，走ったりできるようになる。しかし，まだ安定しない状態なので，障害物があると，転んだり，しりもちをついたりして，目を離せない時期でもある。この時期は，できるだけ戸

外に出て、築山にハイハイで登ったり、マットの上でころころ転がったり、走ったり歩いたりする遊びを日々行うことを大事にしている。

1歳児にとって、集団と自分との葛藤が大きな課題である。この時期、筆者の保育園では小集団での個別対応が行われる。集団のなかで、保育者が子どもに「待っててね」や「順番よ」と言うことがよくある。しかし、このようなことが続くと、1歳児の好奇心ややりたい気持ちが阻害され、子どもの興味や関心が減衰してしまうので、できる限り個々の子どもの気持ちを優先するようにしている。

この時期、保育者は園児の主体的な行動を見守りつつ、安全面への配慮が必要である。「少人数制」「担当制」を取り入れることが、子どもの安全面への配慮にとって重要である。この時期に、身体をしっかり動かして遊ぶことを大事にしている。子どもは、2歳児になると足腰がしっかりし、走ったり、階段も登れるようになり、両足飛びや後ろ向きに歩いたり、片足立ちもできるようになる。3歳になるとスピードをだして走れたり、ギャロップ、ケンケンができるようになる。4歳になるとスキップができるようになる。

(2) まわりの人に自分の気持ちを伝えたい

1歳は言葉の獲得期でもある。子どもの発語にとって、「受け止め」や「促す」関わりなどまわりの大人の働きかけが大事である。1歳4・5か月頃から、「マンマ」「ワンワン」「ブーブー」などの言葉が出始める。子どもが言葉を発したときに、保育者は「おかし、おいしいね」「お茶ほしいの？」などと子どもの言葉を受け止め、代弁することが重要である。

2歳頃になると「おちゃ、ほしい」などと2語文で自分の意思を伝えたり、要求

ができるようになる。生活のなかでよく使う「バイバイ」や「ありがとう」，また名前を呼ばれたら「はーい」と返事ができるようになる。「○○ちゃん」と身近にいるお友だちの名前も言えるようになり，言葉を通して，友だちとのコミュニケーションが可能になってくる。

(3) 多くの遊びを楽しむことが次の発達へとつながっていく

　1歳になると，感覚が育ち，両手を器用に使えるようになる。初めは「手のひら」で物をつかんでいたのが，徐々に「指」で物をつまめるようになる。このように両手を自由に使えるようになると「物」を媒介とした遊びを楽しむようになってくる。たとえば，積み木を並べたり，積んだりできるようになる。物を器用に操作できるようになる。

　2歳を過ぎる頃には，物を操作するだけでなく，そのものを見立てて遊ぶことができる。たとえば，積み木を「自動車」に見立てて「ブッブー」と走らせて遊ぶことを楽しめる。この時期は，「砂遊び」「泥遊び」「水遊び」など感覚的な遊びや「新聞破り」「すみっこで戯れ遊び」など身体全体を使った遊びなどが多くなる。このような感覚遊びや身体遊びを十分にすることが，子どもの発達にとっては重要である。また並べたり，つないだり，積んだり，入れたり，出したりなどの「構成遊び」も1，2歳児が最も喜ぶ遊びである。

　1，2歳で遊びをたくさん体験することで，3歳頃になると「生活遊び」や「おかあさんごっこ」が盛んになる。自分がしてもらったように人形等のお世話ができるこの時期に保育者が準備する環境としては，「人形」「ままごと道具」「水道やコンロなどの調理台」などである。

　生活遊びも年齢とともに変化し，3歳児の「生活遊び」では一人遊びが多く，お人形をおんぶしたり，寝かせたりしてお母さんになってお世話をすることを楽しむことがみられる。さらに，4歳児になると，「お母さん役」や「赤ちゃん役」「イヌ役」になって役割を決めて友だちと一緒に遊べるようになってくる。この時にお母さん役になる子は遊びを仕切ったり，役割を決めたりリーダーシップをとることが多い。

3. 乳児の発達の支援

　乳児期の発達支援は，上述したなかにも多く含まれているので，ここでは0歳児

への対応を中心に考えてみたい。とくに，子どもの行動を見守ること，子どもの安全を考え，保育者から子どもへ働きかけ，子どもが活動を広げ発達の芽が育つ環境をつくることについて考えていきたい。

(1) 子どもの気持ちを見守る

　子どもが発達するうえで，保育者が子どもをいかに見守るかは重要である。保育者が子どもの行動に声をかけたりうなずいて反応することは大切なことである。そのことを通して，子どもの自尊心や自己有能感が育ち，外界に積極的に働きかるようになる。また，保育者がどのように子どもと向き合って座るかも重要なことである。保育者が子どもと真正面に向き合って座ると，保育者の視線が強く「見られてる」という重圧感を感じてしまう子どもがいる。その場合，横に座るか，斜め横に座ることで，子どもは重圧感をあまり感じず，保育者と子どもが同じ物を同じ目線で見，「共有できた」という喜びを感じる。

(2) 子どもの安全をめざして

　保育者として重要なことは，子どもの安全を見守ることである。安全な環境で子どもが思いっきり身体を動かし，笑い・泣き，いろいろな大人や子どもに働きかけられることが重要である。

　たとえば，乳児の身体の機能が発達すると，ハイハイで興味のあるところに移動できるようになり，行動範囲が広がる。ハイハイは最初のうちは腕の肘の力のみで移動するが，次に足を使うようになる。すると子どもはすごく早く動けるようになり，好奇心をもっていろいろなところに移動していく。保育者が少し目を離すと，

遠くに移動していることも多い。保育者は常に，それぞれの子どもに注意し，また保育者どうしが声をかけ合いながら，危険のないように見守ることが必要になる。

(3) 保育者の働きかけ

　保育者は子どもの行動や仕草を見守り，認めることは大切である。さらに，保育者からの積極的な働きかけも重要である。たとえば，乳児にとって，まわりの人からどれだけたくさん言葉をかけてもらったか。どれだけたくさん笑いかけてもらい，相手をしてもらったかが，子どもの自信や能動性の発達にとって大事である。

　運動の発達では，0歳児の体操で，保育者が子どもの両足首を持って歌いながら身体をゆらゆら揺らすと子どもは声をあげて喜ぶ。またうつぶせ状態にすると顔をあげ，腕をふんばり，首をしっかりとあげることができる。保育者が子どもに「○○ちゃんすごい」「○○ちゃんできた」と声をかけたり，また初めて，一歩踏み出したときの大人の驚きと喜びがあると，0歳児が得意げな顔をして保育者の顔を見る。大人と子どもの気持ちが通じ合うときである。子どもは，運動ができるかどうかだけでなく，まわりの大人からの賞賛と驚きを期待し，それをエネルギーとして成長している。

　0歳児は，聴覚・視覚などの感覚が著しく発達する時期で，感覚の育ちは子どもが豊かに生活するための基礎になる。たとえば「熱い」「冷たい」「痛い」等の触感が育つことで，子ども自らも危険の回避につながっていく。生きていく基本が0歳児で育つのである。それはさまざまな自然体験や感覚遊びを通して育っていく。保育者が「きれいね」「いい音ね」「あったかいね」「いい匂い」「面白いね」「楽しいね」等を伝えることで，さらに豊かな感覚・感情が育っていく。

(4) 保育者の環境の整備と工夫

　保育者が保育の環境を整備し工夫することも重要である。保育者のアイデアですばらしい玩具が生み出されることも多い。たとえば，「音の鳴るおもちゃ」は子どもの感覚などの発達を引き出すのに有効な玩具である。フイルムケースなどの円柱の缶を用意し，その中に「爪楊枝」や「鈴」「豆」等を入れる。振ればいろいろな音が鳴る（図3-10）。

　このほか，「米つぶ」や「あずき」などを使って重量感のある「人形」は，重さの違いを認識できる。「果物」エッセンスなどにおいのする「ふわふわ粘土」は子

図 3-10　音の鳴るおもちゃ

どもの嗅覚を育てることができる。また入口から物を入れると管を通って下にポットンと落ちる「ぽっとん落とし」（本節 1. の (3) 参照）という玩具を子どもに提示すると，物が落ちるようすを目で追い，落ちてくる場所を先読みしてつ待など，視覚・想像力が育つ。

　このように「物的環境」を用意することで，子どもの遊びが展開していく。用意された環境に子どもが自ら関わって自発的に活動できることをねらいにしているが，子どもたちに任せっぱなしにするべきでない。環境を用意するときには，一人ひとりの子どもの行動や姿をイメージし，「これを用意することでこの遊びがどう展開するのか？」を予測する。そして「アドバイス」「励まし」「見守り」「友だちとつなげる」等の援助で遊びが展開していくように計画し保育をすすめていくことが重要である。どんな「環境」を用意し，どんな「援助」をしていくのかが大事なポイントである。

Column 3

Q:「午睡の時間ですが、子どもがなかなか寝なくて困っています。どのように対応すればいいでしょうか」

A:子どもの睡眠時間は個人差が大きいので一概に言えませんが、乳幼児に必要な睡眠時間は約10時間から11時間です。夜の睡眠時間だけでは足りないのでその分午睡（昼寝）で補います。保育所の場合は朝早く起きて登園する子もいるのでお昼寝は必ず必要です。

午睡時間も個人差があり、「1、2歳児で2時間」「3歳児〜5歳児は1時間30分」くらい取ってます。しかしすぐに寝付く子どももいれば、なかなか入眠しない子どももいます。

保育所での午睡の場合はカーテンを閉めて、静かな曲を流すなどして眠りの体制を準備します。なかなか寝ない子どもには保育士がそばについて、体をさすったり、トントンしたりします。なかにはまったく寝ない子もいるので、眠っている子どもを起こさないように静かにしていれば無理に寝かすことはしません。

家庭での午睡の場合、部屋の雰囲気はどんなふうになっていますか？

楽しい雰囲気で気分やテンションが上がってませんか？

できるだけ静かな雰囲気で、灯りも暗くしましょう。できれば大人が添い寝をしたり、横についてやると気分も落ち着くでしょう。

0歳児　　　　　　　　　　　　　　2歳児

第 II 部

さまざまな発達

第4章
認識の発達

第1節　認識・注意のメカニズム

1. 認識

(1) ボトムアップ処理（データ駆動型処理）

　日常生活のなかで，あるものごとを見たり聞いたりしたとき，私たちはそれが何かを知るために，そのものごとのもつ特徴を一つひとつ確認して，その対象を理解することができる。このように，ある対象が何であるかを知るために，その対象がどのような特徴・要素から構成されているのかを認知し，それからその対象の全体像を把握する情報処理の方法をボトムアップ処理という。たとえば，本を読むときにあらすじをまったく知らないまま，本に書いてある文章を読むままにストーリーを追いかけ，理解していくことが，ボトムアップ処理であるといえる。その一方で，本のあらすじを知っていて，それを念頭におきながらストーリーを追いかけていくことが次に説明するトップダウン処理である（図4-1）。

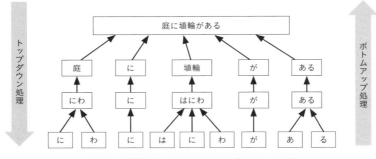

図4-1　情報処理：「にわにはにわがある」の認識

(2) トップダウン処理（概念駆動型処理）

　トップダウン処理とは事前知識や期待などに基づいて，物事を見たり，聞いたり，理解したりするためにヒトが行っている情報処理の方法の1つである。たとえば，図4-2を見ると，図のなかには大小さまざまな斑点が，さまざまな場所にちりばめられている。この図を見るだけでは何が描かれているかを理解するのは難しい。しかし，「この図の右半分の中央部にダルメシアン種のイヌが1頭，こちらにお尻を向けている」というヒント（事前知識）を得ることによって，私たちはこの図の中にダルメシアン種のイヌがいることが理解できるようになるのである。このように，あいまいなものごとを知覚する際に，事前知識や期待などのヒントに基づいてそれらの情報のもつ意味を理解することがトップダウン処理である。次に説明するシェマもトップダウン処理の1つである。

図4-2　情報処理：ダルメシアン種のイヌの認識
　この図の右半分の中央部で，一頭のイヌがこちら側にお尻を向けている（Gregory, 1970）。

（3）シェマ

　ナイフとフォークを使う食事の場面を思い浮かべてほしい。私たちはナイフとは何か，フォークとは何か，そして，食事の途中でナイフとフォークを置くときは皿の左側にフォーク，皿の右側にナイフを置き，さらにナイフの刃は内側に向けるといった食事の作法を知っている。このような行動の仕方や，知識のことをシェマ（scheme）という。シェマの提唱者であるピアジェ（Piaget, J.）は，シェマは感覚運動経験が自分のなかに受け入れられることによって生じると考えた。たとえば乳児が授乳されるとき，乳児は乳首を吸い，母乳を口に含むという経験を通じて「おしゃぶりについてのシェマ」を獲得するのである。

　また，シェマは物事を理解するために必要な知識の枠組みでもある。たとえば以下の文章を読んで，何について書かれたものかを考えてほしい。

> 手順は簡単である。はじめに，ものをいくつかのグループに分ける。その全体量によっては，グループは1つでもよい。次のステップに必要な設備がないため，どこか他の場所へ移動する場合を除いて準備は完了である。一度にたくさんしすぎないことが重要である。多すぎるより少なすぎるほうがましである。目先のことだけを考えると，これはたいせつだと思えないかもしれないが，面倒なことが起きるのは確かである。失敗すれば，高くつくこともある。最初はこうした手順は複雑に思える。しかし，すぐにそれは生活の一部になる。近い将来，この作業の必要性がなくなると予言できる人はいないだろう。その手順が終わったら，再び材料をいくつかのグループに分ける。それから，それぞれ適切な場所に置く。やがてそれらはもう一度使用され，またこのすべてのサイクルが繰り返される。とはいえ，それは生活の一部である。
>
> （Bransford & Johnson, 1972）

　これは，「洗濯」について書かれた文章である。最初にこの文章を読んだときは，この文章が何について書かれたものかわからなかったかもしれない。しかし，私たちが「洗濯についてのシェマ」を用いながら，今この文章を読んでみると内容が理解しやすくなるだろう。

2. 選択的注意

　注意とは心が知覚を有している時の状態の1つである。私たちの身のまわりは，たくさんの物事に満ちているが，私たちはそのなかから自分にとって興味のないものごとを無視しながら，自分にとって興味のある物事に注意を向けることができる。こうした，数多くの情報のなかからあるものを無視しつつ，他の情報に注意を向ける能力のことを選択的注意という。選択的注意の例としてカクテルパーティー効果がある。たとえば，たくさんの人が集まって雑談をしているとき，まわりの人に注

図 4-3　カクテルパーティー効果

　図はカクテルパーティー効果が生じるときのようすを示している。
　まわりが雑談をしているため周囲の会話の内容がうまく聞きとれないが，自分の関心事が聞こえるとその声がどこから発せられたのかがすぐにわかる。

意を払っていなくても，自分の関心事の話題が聞こえたりすると，私たちはおのずと聞きとることができる。このようにさまざまな音がまざりあった環境のなかでも，自分の関心事に関する音とそれ以外の音とを分離できる現象をカクテルパーティー効果という（Cherry, 1953）。

3. 実行機能

　実行機能はある課題に取り組むとき，「どのような目標をたてるのか，そしてその目標に対してどのような方法で，どのような工夫ができるのか」を考え，それを実行するための認知能力である。

　フリードマン（Friedman et al., 2008）によると，実行機能は次の3つの要素からなる。それは「情報の更新（updating）」「課題ルールのシフト（shifting）」「共通実行機能（common executive function）」である。情報の更新とは，既存の情報から新しい情報に更新する機能のことである。課題ルールのシフトは，複雑な課題を遂行する際に課題のルールを保持したり，またはルールを切りかえたりするための機能である。そして，共通実行機能の役割は，記憶として保持されている課題の目的や課題に関連する情報に基づいて，思考や行動を制御し，認知的な負荷を軽減することである。また共通実行機能は，情報の更新や課題ルールのシフトよりも上位の機能と考えられている。

　実行機能を示す代表的な現象としてストループ干渉がある。図4-4にストループ干渉の実験課題で用いられる刺激を示す。ストループ干渉とは，ストループ（Stroop, 1935）によって発見された現象である。色名を示す単語と色の2つの刺激を組み合わせ，色名を示す単語にその単語の意味とは異なる色を彩色した刺激を作成し，その単語についた色が何であるかを答えるときに，回答が困難になる現象である。たとえば，図4-4の赤色で彩色された「きいろ」という文字を見て，その文字についた色を答えようとするとき，私たちは色の情報と単語の情報という，2つの情報の間で生じる葛藤を実行機能によって抑制し，正しく「あか」と答えるのである。

第1節　認識・注意のメカニズム

図 4-4　ストループ干渉

　図の右側はストループ干渉の実験で用いられる刺激の例である。
　図の左上を赤色で書かれた色名を示す単語「きいろ」とする。左下は黄色で書かれた記号とする。
　この赤色で書かれた「きいろ」を見て，単語についた色が何であるかを答えることは，図の左下にある，記号についた色が何色であるかを答えることよりも困難である。この現象をストループ干渉という。
　そして，図の右上を青色で彩色された色名を示す単語「あか」とする。右下は黒色で書かれた単語「あお」とする。
　これらの単語を読みあげるとき，図の右上の色のついた，色名を示す単語を読みあげることが，右下にある黒色で書かれた単語を読みあげることよりも困難になる。この現象を逆ストループ干渉という。
　これらの刺激を見たとき私たちの心では，色と単語という2つの情報が互いに干渉しあっており，実行機能はこの干渉を抑制しようと働く。

第2節　認識・注意の発達

子どもは自分のまわりの世界をどのように認識しているのであろうか。大人と認識の仕方にどのような違いがみられるのであろうか。本節では，乳幼児の注意や認識の仕方などに焦点を当ててこれらの問題を概観したい。

1．乳児の知覚

乳幼児の知覚能力はどのように発達していくのであろうか。乳児は生後の早い段階から外界を積極的に知覚している。また，乳児の視覚は定位反射から，恒常性，奥行き知覚へと発達していくが，聴覚は誕生以前からすでに発達している。さらに，異なった知覚間の統合は，月齢とともに発達していく。

赤ちゃんは外界をはっきりと見えているのだろうか，それともぼんやりとしか見えていないのであろうか。下條とHeld（1983）によると，新生児の視力は0.03，6か月児では0.2，12か月児では0.4と徐々に視力が上がっていくことがわかる。3歳から5歳で，成人の視力に達する。表4-1は，学校の視力検査による基準視力と視力の状態を乳幼児の年齢（月齢）による視力と対照させたものである。新生児は，ぼんやりと外界が見えるような状態であることがわかる。

子どもは自分のまわりの世界をどのように認識しているのであろうか。子どもは外界を知覚するときに，部分の情報を認識しているか，それとも統合的に全体として認識しているのであろうか。エルキンドら（Elkind et al., 1964）は子どもに，図4-5のような絵を見せてどのように認識しているのかを調べている。それぞれの

表4-1　学校の視力検査と乳幼児の視力

階　級	基準視力	視力の状態（学校）	乳幼児の視力
A	1.0〜	健常視力。メガネは必要ない。	3〜5歳
B	0.7〜0.9	教室のどこからでも黒板の字が見える。	
C	0.3〜0.6	座席によっては黒板の字が見えにくい。	12か月
D	〜0.2	教室の最前列でも黒板の字がよく見えないので，メガネが必要。	誕生〜6か月

絵は，洋ナシやバナナ，ニンジンなどのいくつかの部分として知覚（部分知覚）できる。また，全体的にはハートマーク，魚，鳥などとしても認識（全体知覚）できる。

その結果，図4-6のように，5歳から6歳までは，半分以上の子どもが部分知覚をしている。7歳以上になると，全体知覚の傾向が多くみられる。この結果から，幼児では部分的に知覚していたが，年齢が増すほど，全体的な知覚をするようになっていくことを示している。

ケーガンら（Kagan et al., 1963）は，6歳から12歳の子どもに，認識スタイルのテストを実施している。認識スタイルテストとは，「時計」「男

図4-5　部分知覚と全体知覚の研究で用いられた刺激（Elkind et al., 1964）

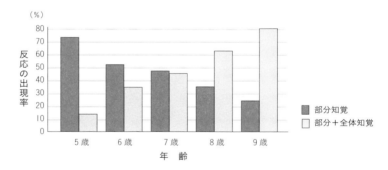

図4-6　部分知覚と部分＋全体知覚の発達（Elkind et al., 1964）

 memo

性」「物差し」の3つの絵を見せて，その中から似ているものを2つ選択させるテストである。選択の仕方から，子どもの認識が分析的認識か非分析的認識かを判定する。分析的認識とは，事物間の共通点など事物の特徴を分析して認識する仕方である。「時計」と「物差し」を選ぶ子どもは分析型であると判定される。

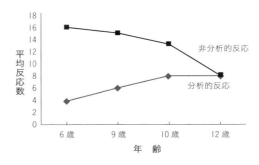

図4-7　分析的反応と非分析的反応の発達
(Kagan et al., 1963)

時計と物差しを，「測定する」という共通の情報で認識しているからである。非分析的認識とは，2つの事物を機能や関係性に注目して1つの単位として認識する仕方である。この場合，「時計」「男性」を選ぶ子どもは，「男性が時計をつける」のように認識する反応が非分析的型であると判定される。

　図4-7は，分析型の反応と非分析型の反応を年齢ごとに示したものである。6歳頃は分析的反応よりも非分析的反応が多いが，年齢とともに分析的反応が増加し，非分析的反応が減少することがわかる。この結果は，6歳頃の子どもは，事物を非分析的に認識するが，年齢の増加にともなって，分析的に認識するようになっていくことを示している。

2. 乳幼児の錯視と視覚的補完

　私たちは，外界の情報を機械的に取り込むだけでなく，能動的な処理を行っている。図4-8の真ん中の円の大きさを比べてみよう。多くの人は，左の円に比べて右の円は大きく見える。2つの円は，物理的には同じ大きさである。このような現象を錯視という。錯視は，私たちが自分のまわりにある情報をそのまま受け入れるのではなく，私たちの脳が補正を行うことで生じるものである（図4-9も参照）。

　図4-10は，主観的輪郭という錯視である。図には描かれていない，「白い三角形」が見える現象である。これは，物理的には見えない部分を補うように脳内で知覚内容が生成される視覚的補完（visual completion）により生じる現象である。生後すぐの乳児でも主観的輪郭は見られるのであろうか。

 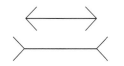

図 4-8　エビングハウスの錯視図形　　図 4-9　ミューラーリアーの錯視図形（Müller-Lyer, 1889）　　図 4-10　主観的輪郭（Kanizsa, 1955）

　バーテンザールら（Bertenthal et at., 1980）は，生後7か月の乳児に，主観的輪郭が生じる図形と主観的輪郭の見えない図形を提示し，両図形を弁別するかどうかを調べている。その結果，生後7か月の乳児では両図形を弁別できた。また，山口と金沢（2008）は，生後3か月から5か月の乳児では主観的輪郭が生じないことを示している。これらのことから，乳児については，生後すぐには主観的輪郭は生じないが，生後7か月以降に生じると考えられる。これらの結果は，新生児は半年を過ぎた頃から，外界の物理世界をそのまま取り入れるのではなく，取り入れた情報を主体的に補完しながら処理していることを示している。

(1) アモーダル補完

　図 4-11 の（A）を見てみよう。ほとんどの人は，（A）の状態では斜めの黒い棒（C）の上に，白い長方形が置かれると認識するだろう。不連続な黒い棒（B）の上に白い長方形が置かれていると認識することは少ない。このように，物体が遮蔽された部分を補う視覚の補完機能をアモーダル補完という。アモーダル補完も，外界の情報に能動的な処理をする現象である。乳児でも，このようなアモーダル補完がみら

れるのであろうか。

ケルマンとスペルク（Kellman & Spelke, 1983）は、生後4か月の乳児に、図4-11の図形（A）の黒の棒を左右に動かすように提示した。その後、「上下のつながった棒（C）」もしくは「上下に分かれた棒（B）」を左右に動かして提示した。すると、乳児は「上下に分かれた棒（B）」よりも「上下のつながった棒（C）」をより注視した。これは、

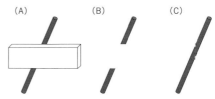

図4-11　アモーダル補完の実験で用いられた図形（Kellman & Spelke, 1983を改変）

馴化法という実験法で、第1段階で子どもにある刺激を見せた後、第2段階で別の刺激を見せる方法である。子どもは第2段階で、それまでとは異なる新たな刺激を見ようとする傾向がある。この結果は、生後4か月の乳児でもみられること、外界の情報を能動的に処理していることを示している。

（2）異なった感覚間の相互作用

大人は箱に入った物を触るだけでも、感触からその物の形を推測できる。このように、触覚と視覚のように異なった感覚の間を結びつけて認識することを「モダリティ間知覚（cross-modal perception）」という。モダリティ間知覚は、乳児でもみられるのであろうか。

メルツォフとバートン（Meltzoff & Borton, 1979）は、生後1か月の乳児のために、図4-12の「イボイボの付いたおしゃぶり」と「イボイボの付いていない表面が滑らかなおしゃぶり」を用意した。第1段階の触覚経験では、図4-12のどちらかのおしゃぶりを乳児に見えないように吸わせた。第2段階の視覚テストでは、2つのおしゃぶりを描いた絵を乳児に見せ、どちらのおしゃぶりをより長い時間見るのかを調べた。その結果、32名中24名の乳児（75%）が、自分が吸ったおしゃぶりをより長く注視していた。この結果は、乳児が触覚で経験した刺激を使って、異なった感覚である視覚と結びつけて認識できることを示している。このように、生後1か月であっても、触覚で認識した特徴を視覚でも認識できるようである。

図4-12　モダリティ間知覚の実験で用いられたおしゃぶり

3. 注意の発達

　私たちが外界を見るときに，注意が大変重要な役割をする。私たちの処理容量には限界があり，外界の中の重要な情報に注意を向ける必要がある。また，気になる情報があってもその情報への注意を避けて，必要な情報に注意を向けるなど，自分自身で注意をコントロールすることも必要である。赤ちゃんも，特定の情報に注意を向けたり，注意をコントロールできるのであろうか。

(1) 赤ちゃんの注視

　新生児は，外界を認識するためにどの情報を注視しているだろうか。サラパテクとケッセン（Salapatek & Kessen, 1966）は，生後1日から生後5日目の新生児を対象に視覚的走査（visual scanning）を調べている。生後1日の新生児に，何も描かれていない白紙を提示すると視線の集中はみられず広範囲に視線が拡散するが，三角形の図形を提示すると，三角形の角に視線を集中させていた。さらに，サラパテク（Salapatek, 1975）は，1か月児と2か月児を対象に5種類の図形を提示し，どのように見ているのか眼球運動を分析している。その結果，生後1か月では1か所に注視するが，2か月になると図形の全体的な特徴を注視することがみられた。これらの結果から，生後1日目の新生児は，ものの特徴をとらえようとして，特徴的な1つの情報に注意を向けることが可能であり，さらに生後2か月になると全体的な特徴に注意を向けて認識できるようになることを示している。

　赤ちゃんは生後間もない時期から，顔についての認識をもっていることが，ファンツ（Fantz, 1961）の研究からも明らかになっている。それでは，赤ちゃんは人

の顔のどの部分を注視しているのであろうか。マーラとサラパテク（Maurer & Salapatek, 1976）は，1か月児と2か月児が人の顔のどの部分を見ているのかを調べている。図4-13は1か月児と2か月児が，顔のどの部分を見ているのかを示したものである。この結果から，1か月児では，視線が顔の中の顎や髪の輪郭などに集中していた。

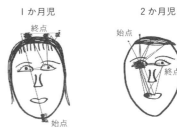

図 4-13　乳児の顔の走査
（Maurer & Salapatek, 1976；池上, 1988）

2か月児では，口と目に視線が集中していた。2か月児は顔の内部の特徴に注目して顔を認識する。この結果から，赤ちゃんはまず輪郭など顔全体に注目して，顔を認識する。その後，顔の内部の細かい部分に注目していくことを示している。

(2) 注意のコントロール

　乳児は，どこに自分の注意を向けるのかをコントロールできるのだろうか。ハイスら（Haith et al., 1988）は，生後3か月半の乳児を対象に注意を制御しているのか調べるために，規則的提示条件とランダム提示条件における乳児の視線を分析している。規則的提示条件では，30枚の絵を左右交互に提示した。ランダム提示条件では，30枚の絵は左右ランダムに提示した。その結果，規則的提示条件の場合，乳児は次にスライドが提示される位置に視線を動かすことがみられた。他方，ランダム提示条件では，予測的に視線を動かすことはなかった。この結果は，生後3か月の乳児であっても，注意をコントロールできることを示している。

　ところで，注意をコントロールする機能の1つとして実行機能がある。実行機能とは，自分が目標を達成するために，自分自身の行動を統制する機能である。子どもの実行機能を調べる課題として，AB課題 Go/No go課題，昼夜課題，次元移行カード分類（DCCS: dimensional change card sort）課題，ハノイの塔課題など多くの課題が考案されている。

　ダイアモンド（Diamond, 2002）は，AB課題（A-not-B課題）を使って，乳児の実行機能を調べている。図4-14のように，①乳児の前に箱Aと箱Bの2つの箱を置き，乳児の目の前で玩具を箱Aに入れる。②乳児に玩具を探させる。2回連続で箱Aを探すことができると，③今度は玩具を箱Bに入れる。④乳児がどの箱を

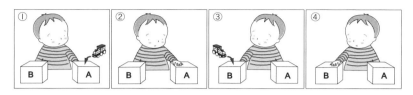

図4-14　AB課題（A-not-B課題）

探すか観察する。この課題を正しく遂行するためには，乳児が実行機能を使って「以前に玩具があった箱Aを探索する行動」を抑制し，「現在玩具がある箱Bを探索する行動」を遂行しなければならない。その結果，乳児では生後7.5か月までは，箱Aのほうを探索し続けて正しく遂行できなかった。これらの結果は，乳児では12か月頃までに実行機能が発現することを示している。

それでは，もう少し年長の幼児の実行機能はどのように発達していくのであろうか。範と小林（2007）は，DCCS課題を用いて，幼児の実行機能を測定している。子どもの前に色と形の2次元で異なるカード（赤いウサギ，青いボート，青いウサギ，赤いボート）を渡し，第1分類課題では，赤もしくは青の色に基づいて分類した。その後，第2課題では，ウサギもしくはボートの形に基づいた分類を行わせた。図4-15は，第2課題で正しく分類できたカードの枚数を得点化したものである。図4-15に示されるように，幼児期に実行機能が発達することがわかる。

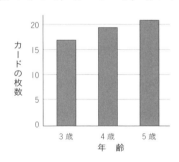

図4-15　実行機能の発達（範・小林，2007）

第3節　認識の支援

1．子どもが理解するとき

　保育の現場では，保育者が子どものとる行動で「困った」と思う場面に遭遇することがよくある。その1つに子どもが保育者の話した内容を理解できていないのではないかということがある。そのため指示された内容の通りにできなかったり次の活動に取りかかれなかったりして困っている子どもを見かける。この原因として，子どもがその時々の状況をイメージができず理解できていないことが困ったことの根底にあるように思われる。

（1）子どもが理解できないとき

　保育者が子どもたちの前で話をすることがある。その内容は誕生会など行事の予定や普段の生活・遊びのことなどさまざまである。その際子どもたちの前でいっせいに話をする。その時は子どもたちに向かい，一人ひとり顔を見ながら子どもが理解できる速さで話を進めるように心がけている。そのようななかでも3歳児や4歳児などは自分自身の話を聞いてもらいたくて違う話をしていたり，空想にふけっていたりするような場合もある。保育者はクラス全体で活動しなくてはいけないことも話すので，聞いていない場合はもとより理解できていない子どもが次の活動に移れないときもある。その時子どもは保育者に「せんせい，なにするん？」と再度話を聞きに来ることもある。他のことに気が取られて話の内容が伝わっていない場合は，再度伝えることで解決する場合もある。しかし，すべての子どもが保育者の話を聞き理解できているわけではない。

　理解が困難な子どもに対して保育者はどのようにすればいいのだろうか。基本的には，①子どもが理解できているかどうかを観察すること，②理解できていない場合，理解できない原因を推測すること，③理解できる環境や手立てを考えることが重要である。

　子どもが理解していない場合は，いくつかのサインを出していることが多い。そのサインとは，保育者の話が理解できないから隣の子としゃべったり，まわりをキョロキョロ見渡したり，視点が合わずボーっとしていることなどである。また，不安

そうな表情をしている子どももいれば、ボーっとして動かなかったりするケースもみられる。子どもが理解できない原因はさまざまであり、それぞれの場面によって異なる。子どもの困っている原因に気づき、保育者はそれに合わせて援助していく必要がある。ここでは、「友だちについていく子ども」「理解できなくて困っている子ども」を例にとって考えてみたい。

(2) 友だちについていく子ども

　保育者の話を聞いていても、話の内容を理解できていない子どもがいる。理解できないで、友だちの後についていき、友だちのそばで一緒に活動する子どもがみられる。そのような子どもの場合、保育者の話の内容が十分に理解できずにいても、友だちの行動を見ることで自分の理解を助けようとすることが考えられる。

　このタイプの子どもの場合、観察や模倣を通して理解しているようである。この模倣する力をもっている子どもは、友だちと同じ行動をすることで保育者が話した内容をクリアしていることがある。このような子どもは保育者の話は理解できなかったとしても、友だちの真似をすることで指示されたことの理解ができるとみなされ大きな問題は起きにくい。そのため、このような子どもについて、保育の場では見過ごしてしまうことが多い。保育場面で、保育者が子どもに話をした後で、子どもが本当に理解しているか尋ねることが必要なときがある。たとえば、話の内容について個別に質問をすることも大事かもしれない。質問することで話の内容の再確認の機会にもなる。質問をして、子どもが理解していない場合は、そのことを指摘するのではなく、保育者がもう一度話したことを子どもに伝えることも重要である。そうすることにより理解が深まり落ち着いて行動できる子どもが増えることもある。

(3) 理解できないで困っている子ども

　保育者の話を一生懸命聞いているのに，その話の内容を理解できないために次の活動を始めることができずに困っている子どもを見かける。保育者が話しているときに，その話を聞いていなかったわけではない。

　子どもにしてみれば，「せんせいがなにか言っていたけれど，どうすればいいの？」と心の中で思っているのだろうか。そのような子どもは，言葉を出して保育者に再度何をすればよいのか聞けない。そこで，保育者や友だちのほうをキョロキョロと見渡したり，不安なようすをみせたり，何の活動もできず，そのままその場で動かなくなってしまう場合がある。

　このようなタイプの子どもの場合，保育者の言っている言葉が幼児にとっては難しい，一度に多くの内容を話しすぎる，子どもの理解を確認しないで話すなど多くの原因が考えられる。なぜ子どもが理解できないかを推測することが大切である。

　子どもが理解できない場面に遭遇したとき，保育者にはどのような配慮が必要であろうか。まずは，保育者が子どもにゆっくりとていねいにわかりやすい説明をすることが重要である。ていねいな説明が難しいようであれば，保育者が子どもと一緒に行動し，部屋の移動をしたり見本をみせながら一緒にやってみるなど，言葉と行動の両方で示すことで理解できることもある。

　特定の子どもが理解できない場合，1対1の関わりで一つひとつ説明することは，根気と時間がかかるが，話の流れを説明するためにも必要である。このような配慮をすることで，子どもは落ち着いて行動することができるようになる。

　当初言葉で伝えてもなかなか理解できず，できなかったことでも，経験や時間を重ねることによりしだいにできるようになってくる。理解は生活経験の積み重ねでより深まることがあるので，子どもが自信をもって行動できるようになるまで，時間をかけて関わっていくとよいと思う。

2. 注意が集中できない子どもへの支援

(1) 注意が集中できない子ども

　保育現場で，注意を集中できない子どもがみられる。そのような子どもの特徴として，まわりの声や音が気になり集中できないようだ。注意の集中が困難な子どもには，不必要な音を最小限に減らすことで支援が可能である。

保育者はクラス全体の子どもに向かって話をすることが多い。話の内容は今日の行事・予定などである。また，クラス全体の場で発表している友だちの話や意見を聞くことも多い。このような場面で，まわりの物音が気になり話に集中できず気がそれてしまう子どもがみられる。その結果，その子どもは保育者が期待する行動をとれないことになる。

（2）注意が集中できる空間

　こういうときには保育者のアフターフォローが大切である。アフターフォローとして，注意を集中できなかった子どもには，できるだけ「静かな空間」や「1対1で関われる空間」をつくるように配慮する必要が求められる。保育者が話をしているときに，他所から聞こえてくる音楽や子どもの声などは，その子どもにとってよくない環境のため，少しの工夫が必要になる。

　静かな空間として考えられるのは保育室の片隅の注意を集中できる場所で，保育者は壁を背中側にして子どもと向き合う。また壁面製作などにより壁にさまざまな作品などが貼られている場合には，できるだけ子どもの視界に入らないように工夫する。そして他の子どもの声や音が聞こえにくい場所で話をすることが重要である。

　たとえば図4-16のAの位置に子どもが立ち保育者はBの位置で対応すると，Aの位置の子どもは保育者だけでなく，部屋のあらゆる情報が目に入り，まわりが気になり注意が集中できなくなる。保育者は，Aの位置の子どもとは関われるが他の子どもが見えなくなる。ここで場所を入れ替えて，保育者をA，困っている子どもをBの位置にすると，困っている子どもは保育者と1対1で関わるとともに，他の情報も見えず，注意が集中しやすい。また保育者からはBの位置の子どもだ

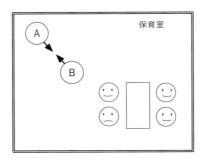

図 4-16　保育者と子どもの位置の例

けでなく，教室全体を見渡すことができ，他に困っている子どもがいないか意識して見ることができる。

　そのような環境づくりで注意が集中できない子どもも安心して保育者の話に向き合うことができる。

(3) 注意が集中できる遊びの空間

　パズルはピースを組み合わせて一人で黙々と取り組む遊びである。このパズルは広い空間で遊ぶにはあまり適さない。一人でじっくりと取り組みたい子どもは遊びの邪魔をされると落ち着かずパズルに集中ができないことがある。こういう場合，机の配置に着目するとよい。パズルをしている机を壁に付けて，壁に向かって座るようにすると，落ち着いて取り組める空間になる。壁に向くことにより，自分一人の世界ができ，不必要な刺激の介入が減り，落ち着いて遊ぶことができるようになる。

(4) 注意が集中できる話し方

　保育者が子どもにどのような内容と量を伝えるかを配慮することによって，注意の集中しやすさも変わる。子どもは多くの情報を一度に与えられると注意ができなくなる。そこで，最低限必要な情報だけを，子どもに伝えることが重要である。名詞や動詞を使い，しっかり相手の目を見て，メリハリをつけてゆっくり話すことも重要である。子どものワーキングメモリを考慮して，1回で話す内容は1つもしく

は2つまでにする配慮も必要である。また，トップダウン処理を考慮して，はじめに話す内容やテーマを伝えてから話し始めて，その後に詳細を話すような工夫も大切である。

　たとえば，「今から体操するので帽子を持って靴を履いて園庭へ行きます」と子どもに伝えることがある。しかし，子どもにとって，「今からという時間情報」「体操という活動情報」「帽子・靴という物の情報」「園庭という場所の情報」が一度に指示され，多くの情報が整理できず，どの順番で何をすればよいのかわからなくなる。そのため何もできないまま，保育者に注意されることがある。大切な情報を分割して提示し，子どもが理解しやすい方法で話すことが必要である。この例の場合では，保育者は「帽子と靴」を子どもから見える場所に置く。次に「園庭へ行く」という活動を言葉で伝えることで，理解は深まる可能性がある。これで「帽子をかぶり，靴を履いて園庭まで行く」ことを理解できれば，次に園庭で「体操をする」ことを伝えるとよい。

3．理解が難しい子どもの支援

　保育者は子どもに何かを伝えるときは主に言葉を使って話をする。子どもは保育者の言葉を耳で聞き，頭の中でその話の内容を理解し，それに基づいて行動に移る。保育者が話した内容について，見通しを立てにくい子どもには言葉による方法ではなかなか伝わりにくい。この場合，ゆっくり話すことや知っている言葉であるかを確認しながら伝わりやすい話し方を工夫すること，または言葉以外の別の手立てを用いた援助の方法が必要である。

(1) 個別対応による支援

　保育者の話すスピードや内容に，子どもの理解が追いつかないことがある。また，重要な情報に注目することが難しい子どももいる。このような場合の援助の1つとして，保育者と子どもが1対1で向き合い，一つひとつの行動を伝え，理解をしているか確認しながら説明する方法がある。理解の難しい子どもでも，個人のペースに合わせることにより理解が容易になるケースがある。保育者が子どもの理解を確認しながら説明していくので，子どもは自分のペースで無理なく理解できるという安心感がある。反面，保育者からの過剰な支援により，保育者の個別の支援に頼りすぎ，子どもが自主的に理解しようとする力が育ちにくい。そのため，保育者は，子どもが自主的に活動の確認を行うことを求めていく必要がある。最初は子どもの理解に応じてていねいに関わりをもつことが大切であるが，子どもも日々の生活のなかで理解できることが増えてくる。日々の生活を自分の力で進めていくためにも視覚的情報による支援も活用することが望まれる。

(2) 視覚情報による支援

　子どもは家庭や園で生活の流れ（スクリプト）のなかで活動している。たとえば，家庭での生活の流れでは，朝目を覚まし，着替え，朝食，トイレ，登園などの流れがある。また，園生活の流れとして，登園，朝の会，遊び，昼食，昼寝などの流れがある。子どもは，この生活の流れに沿って活動をしている。しかし，この生活の流れが毎日同じとは限らない。たとえば，遊びについて，園の中で遊ぶのか，地域の公園へ散歩に出かけるのかなど日々保育の予定が変化するし，年齢や行事によってもこの生活の流れは変化する。この生活の流れの見通しを立てにくい子どもがいる。子どもの個々の特徴や年齢にもよるが，生活の流れを理解できないことで，保育者も子ども自身も困ることがある。

　そこで，子どもに1日の予定をまず伝えることが必要である。しかし，1日のすべての予定を言葉で伝えると，情報が多すぎて1日分の予定を把握できない場合がある。とくに，時間は目に見えないので，何度繰り返し聞いても，子どもにとって時間の理解は大変難しいことである。

　このような場合の支援の1つとして，活動の流れをイラストや写真など視覚的情報を用いて，子どもの理解を促す方法がある。視覚的情報を用いることにより，子どもは1日の流れや自分がすることについての見通しを立てることができる。その

結果，子ども自身が行う行動を理解し，安心感をもってその行動を行える。そして家庭や園での生活を能動的に楽しむことが可能である。

　具体的には，図4-17に示したように，1日の流れを時間の順番に写真や絵で示すと，目に見えない時間が具体的な情報として理解できる。子どもが流れを理解できなくなったとき，次の行動を起こすための確認の手助けになる。これは，そのつど保育者に次の行動を指示されるより，自分で確かめて次の行動を決定していくことで，自己決定ができる能力をしだいに育てることができる。イラストで示すことで，毎日の流れを把握し，しだいにイラストや写真に頼らなくても安心して生活が行えるようになる。絵を見て確認するという小さな繰り返しによって，理解の難しい子どもも自信をもって行動できるようになる。

図 4-17　生活の流れを見通すイラスト

Column 4

Q:「注意の集中ができない子どもがいます。保育でどのような配慮が必要でしょうか」

A:保育者の話に注意が集中できず,まわりの状況や物事に気をとられてしまう子どもがいますが,そのような子どもに話を伝えるためには,いくつかの配慮が必要です。

　基本的には,子どもの目を見てゆっくりと話すことです。しかしこのような対応を嫌がる子どももいます。目を合わせるのが苦手だったり,自分だけ友だちと違う扱いをされたりするのは恥ずかしいと感じる場合があります。この方法で日々指示していくのは保育者として当然のことと思いますが,子どもの習慣や自立心は育ちにくいでしょう。また,まわりの友だちの視線が気になり,保育者の話が耳に入らなくなるので,その点も配慮しながら対応するべきです。

　次に保育者は,話をするときの立ち位置に気をつけなければなりません。望ましい保育者の立ち位置は,壁に背を向けその前に子どもを連れてくるのです。この立ち位置にすることにより,子どもから見える範囲は,保育者とその後ろの壁のみになります。見える範囲が限られると保育者への注意の集中が高まり,それ以外のまわりの音やおもちゃなどの多くの刺激の注意が遮断され,保育者の話を受け入れやすくなります。

　保育者が話すうえで配慮すべき点は,伝えたい内容をわかりやすい言葉を用いて子どもに話をすることです。感情的,情緒的な話し方はできるだけ避けるように心がけます。たとえば,子どもに靴を履くことや,トイレに行くように伝えるときは,「靴を履きます」「トイレへ行きます」というように簡潔な話し方をします。少しきつく感じるかもしれませんが,簡潔な話し方をすることで子どもは「今,何をしなくてはいけないか」が明確になり,子どもにとって理解しやすくなります。保育者が指示をする内容は,できるだけ3つ前後にまとめたほうがよいでしょう。保育者が指示したことがよく理解でき,自分で簡単にできることなら自信をもって行動できるため,活動がスムーズになります。

第 5 章

記憶の発達

第 1 節　記憶のメカニズム

1．情報処理モデル

　日常生活で，子どもはいろいろな情報を記憶する場面に遭遇する。そして覚えたはずのことを忘れてしまうこともある。友人の名前，事件や出来事，保育所や幼稚園で習得する知識など多くのことを学び記憶している。子どもはどのように記憶しているのだろうか。

　アトキンソンとシフリン（Atkinson & Shiffrin, 1968）は，記憶について図5-1のような情報処理モデルを提唱している。このモデルでは，記憶は，複数ある記憶貯蔵庫内で情報が処理され保存されることであると仮定されている。

　情報を貯蔵する場所として，感覚貯蔵庫（SS: sensory store），短期貯蔵庫（STS:

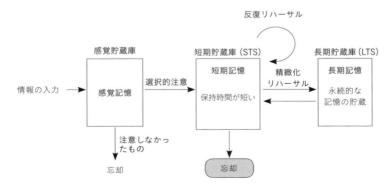

図 5-1　情報処理モデルにおける記憶の貯蔵庫（Atkinson & Shiffrin, 1968）

short-term store），長期貯蔵庫（LTS: long-term store）の3つの記憶貯蔵庫があると考えている。私たちが人の名前や出来事を記憶する場合，それらの情報は，まず感覚貯蔵庫から短期貯蔵庫へ送られ，さらに短期貯蔵庫から長期貯蔵庫へ送り込まれる。そして，長期貯蔵庫に保存されると，記憶が強固になると考えられている。記憶は情報の流れであると仮定している。それぞれの貯蔵庫と3つの記憶についてみてみよう。

(1) 感覚貯蔵庫

　私たちが見たり聞いたりした情報は，まず感覚貯蔵庫に送り込まれる。感覚貯蔵庫に入った記憶は感覚記憶とよばれている。感覚貯蔵庫では，外界の情報はそのままの形で詳細に保持される。たとえば，風景のような視覚情報であればカメラで写したイメージのように保存され，音楽のような聴覚情報についてはCDで録音したように保持される。感覚貯蔵庫では，多量の情報を保持できるが，約1秒以内で消失するきわめて短時間の記憶である。たとえば，手帳に多くの情報が書かれているが，感覚貯蔵庫にはそれらの情報はすべてそのままの形で短時間貯蔵される。

(2) 短期貯蔵庫

　感覚貯蔵庫に入った情報のうち，注意を向けられた情報だけが，短期貯蔵庫に送り込まれる。たとえば，手帳に書かれた多量の電話番号のなかから，友人の電話番号に注意を向け，その電話番号を短期貯蔵庫に保存する。この貯蔵庫に入った記憶は，短期記憶とよばれる。しかし，短期貯蔵庫に保持できる情報の容量は少なく，成人の保持量は7 ± 2と考えられている。この7 ± 2の記憶容量はマジックナンバー

とよばれる。たとえば，1週間，音符，七不思議，ラッキーセブンなど身のまわりで7に関係するものが多いのは，この短期記憶の容量によるものと考えられている。短期記憶に入った情報は何も操作をしないと，約15秒で消えてしまう特徴がある。情報を口の中で反復するリハーサルをすることで，短期記憶に情報をとどめることは可能である。

(3) 長期貯蔵庫

短期貯蔵庫に入った情報の一部が，長期貯蔵庫に送り込まれ，長期記憶になる。短期貯蔵庫の情報をただ反復するだけでは，長期貯蔵庫には送り込まれない。長期貯蔵庫に情報を送り込むためには，情報に精緻的なリハーサルを行う必要がある。精緻的なリハーサルとは，情報に何らかの意味づけをすることである。たとえば，友人の電話番号が「023-10-1441」であれば，「お兄さんと一緒」と語呂合わせをすると覚えやすい。このほか，教科書で「コロンブス，1492年にアメリカ大陸到着」を覚える場合，「コロンブス，石の国（1492）到着」と覚えると覚えやすい。また，「$\sqrt{5}=2.2360679$」を覚えるときに，「富士山麓オーム鳴く」と語呂合わせすると覚えやすいが，このような覚え方を精緻化リハーサルという。長期貯蔵庫には，私たちの学んできた知識やいろいろと経験してきた出来事が入っている。たとえば，虫や花の種類などの知識，学校時代の思い出，自転車の乗り方などが保持されている。長期貯蔵庫の特徴は，無限大であり，かなり多くの情報が保持されている。また，長期貯蔵庫に情報が入るとほぼ永久に忘れ去られることはない。

(4) ワーキングメモリ

情報処理モデルのなかにワーキングメモリ（working memory: 作業記憶）がある。図5-2はバッドレイとヒッチ（Baddeley & Hitch, 1974）が提唱したワーキングメモリモデルである。ワーキングメモリは，情報を保持・操作するための作業スペースで，会話や計算，読み書きの基礎になっている。このワーキングメモリは短期記憶と密接に関係している。ワーキングメモリのスペースの大きさによって，思考し操作する容量が異なってくる。バッドレイはワーキングメモリには，視空間スケッチパッド，エピソードバッファ，音韻ループ，中央実行系の下位過程があると仮定している。視空間スケッチパッドは視覚情報や空間情報をイメージのような形で処理し保持する。エピソードバッファでは，長期記憶からの情報を検索する。音韻ルー

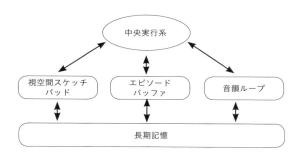

図 5-2　ワーキングメモリ（Baddeley & Hitch, 1974）

プは，言語的情報を音声として保持する。中央実行系では，下位過程の活動の調整をするなど，作業の制御を行う。

(5) 処理水準仮説

　クレイクとロックハート（Craik & Lockhart, 1972）は，記憶は情報をどれだけ深く処理するかに依存すると仮定している。情報を物理的に浅いレベルで処理するよりも，意味的に深いレベルで処理するほうがより長期間記憶されると仮定している。たとえば，「犬」「ネコ」「車」「テレビ」「豆腐」の5つの単語を見せられたときに，それぞれの単語が「漢字であるかどうか」を判断する形態処理をした場合と「生き物かどうか」を判断する意味処理をした場合，数分後の単語の記憶はどうなるだろう。形態処理した場合よりも，意味処理した場合で記憶成績が優れる。これは，形態処理よりも意味的処理のほうがより深い処理であり，記憶がより強固になったためだと考えられる。

2. 記憶の過程

記憶には，どのような過程があるのであろうか。記憶には，図5-3のような記銘，保持，想起の3つの過程がある。

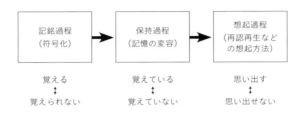

図 5-3　記憶の過程

(1) 記銘過程

記銘とは，情報を取り込む過程である。「覚える」という言葉は，この過程を反映した記憶行動である。情報処理のモデルでは，情報を感覚貯蔵庫，短期貯蔵庫，長期貯蔵庫に取り込む過程である。この記銘過程では，情報の意味を考えたり，言語に置き換えたり，イメージを頭に思い浮かべることによってよりよく記銘できる。情報をどのような形に置き換えて覚えるのかを「符号化」といい，この符号化の仕方が記憶の強さや正確さに影響する。

(2) 保持過程

保持とは，情報を記憶貯蔵庫に維持し蓄えておく過程である。「覚えている」という言葉は，この保持過程を反映した記憶行動である。情報処理モデルでは，感覚貯蔵庫，短期貯蔵庫，長期貯蔵庫に情報を保持しておく過程である。保持過程では，記銘したものが長時間そのままの同じ形で保持されることは少ない。保持している間に，記憶表象が徐々に変容することがある。たとえば，記憶表象どうしがまとまって新たな記憶表象をつくることがある。これを記憶の統合という。例えば，「太郎君がリンゴを食べた」という記憶と，「よし子ちゃんの食べたリンゴは美味しくなかった」という記憶がまとまって，「太郎君は美味しくないリンゴを食べた」というような新たな記憶表象ができてしまうこともある。

(3) 想起過程

　想起とは，情報を貯蔵庫から取り出す過程である。「思い出す」という言葉は，この想起過程を反映した記憶行動である。情報処理モデルでは，感覚貯蔵庫，短期貯蔵庫，長期貯蔵庫に入った情報を取り出す過程がこれにあたる。想起過程では，どのように記憶が表象され，どのような方法で想起されるかによって，記憶の正確さや想起量は異なってくる。想起の方法には，再生法と再認法がある。再生法は，「昨日，どんなことをしたか話してください」というように，記憶したことをそのまま述べてもらう方法である。再認法は，「昨日は，買い物に行きましたか？」というように，質問した内容が記憶したものと一致しているのかを尋ねる方法である。再生法よりも再認法のほうが負担は小さく，経験の乏しいことについてや年齢の低い子どもには再認法の質問のほうが答えやすい。

3. 記憶方略

　物事を記憶する際に，より効率的に覚えたり，より多くの情報を思い出す方法はあるだろうか。物事を覚えやすくしたり，効率的に思い出す方法を「記憶方略」といい，記憶の体制化，イメージ化などの方法がある。効率的な記憶方略を使うことで，覚えるときの負担が少なくなり，記憶がより長期的に安定する。

(1) 記憶の体制化

　上述したように短期貯蔵庫の記憶容量は7つ前後であるといわれている。私たちは7つ以上のことを覚えることができるのであろうか。そのような場合に，記憶方

略を使うことで，より多くの情報を記憶できる。

　短期貯蔵庫には，「スロット」とよばれる情報を保持する収納庫が約7つある。収納庫には1つ以上の情報が記憶できる。「3827519」のような7桁の数列を覚えるときは1つの収納庫に1つずつ数字を入れて覚えていくことが多い。しかし，「397265341725」のように記憶容量を超えた12桁の数列を覚える場合には，「397-265-341-725」と3つずつの単位にまとめてスロットに収納して覚えると，4つの収納庫に貯蔵され，覚えることが可能である。

　このように情報をいくつかのグループにまとめて覚える記憶方略を，記憶の体制化という。多量の情報を機械的に記憶する場合に比べ，体制化して記憶することで記憶の負荷は減少し，安定した記憶になる。たとえば，子どもが母親に，「リンゴ，醤油，ニンジン，ミカン，お酒，白菜，みりん，シイタケ，イチゴ，お酢」の10個の買い物を頼まれた場合，どのようすれば効率的に覚えられるだろうか。これらの買い物のうち関連ある物をまとめて記憶すると覚えやすい。たとえば，「リンゴ，ミカン，イチゴ」の3つの果物，「醤油，お酒，みりん，お酢」の4つの調味料，「ニンジン，白菜，シイタケ」の3つの野菜として，まとめて覚える方法がある。このような覚え方が体制化であり，記憶の負担も少なく思い出すことも容易になる。

(2) イメージ化

　記憶方略として，イメージ化による記憶がある。与えられた情報を視覚的なイメージにすると覚えやすい。たとえば，「保育所」と「みかん」の2つの単語を記憶する場合，「保育所にみかんがあるイメージ」を頭に浮かべると，2つの単語が容易に記憶できる。とくに，「保育所がみかんであふれかえっているような」イメージのように，奇異なイメージを生成すると記憶が安定する。

(3) 手がかりによる想起

　時折，私たちが情報をなかなか思い出せないときがある。まったく忘れてしまっているわけではないが，喉まで出かかっているのになかなか思い出せないことがある。このような現象をTOT（tip-of-the-tongue）という。このようなときに，手がかりを使うと思い出しやすい。たとえば，保育者が園児に，「今日は何の日かな」と尋ねたけれど，なかなか思い出せないことがある。その場合に，人の名前とか関連する事物のヒントを出すと，子どもがすぐに思い出すことがある。これが手がか

りによる想起である。

　タルビングとトムソン（Tulving & Thomson, 1973）は，想起する際に，記憶貯蔵庫内の情報を検索する手がかりが重要な役割をすること，さらにこの手がかりが記銘したときの符号化と関係があることを仮定している。情報を記銘したときと想起するときの文脈が同じか類似していると，文脈が手がかりになって想起されやすくなることを仮定している。ゴッデンとバッデリーの研究（Godden & Baddeley, 1975）では，海中で働くダイバーが参加して実験が行われた。実験では，半分のダイバーには陸上で単語を記憶させ，残りの半分のダイバーには海で記憶させた。その後，それぞれの条件の半分のダイバーには陸上もしくは海中で単語を想起させた。その結果，記銘する場面と想起する場面が一致した条件で記憶は優れていた。すなわち，海中で記憶したダイバーは海中で想起したほうが，陸上で記憶したダイバーは陸上で想起した場合に，記憶が優れた。このような現象を「文脈一致効果」といい，記銘したときと想起するときに場面などが類似しているほうが記憶は想起しやすいことを示している。たとえば，園児が自分のクラスの部屋で劇を練習して，その後遊戯室で同じ劇を演じようとするとセリフが出てこないことがある。そこで，もう一度クラスの部屋で劇の練習をすると，セリフがスムーズに出てくることがある。これは，文脈一致効果によるものである。

memo

第2節 記憶の発達

子どもの記憶はどのように発達していくのであろうか。また，赤ちゃんは物事を記憶しているのであろうか。

1. 乳児の記憶

(1) 新生児の記憶

新生児は胎児期に子宮内で起こったことを記憶しているのであろうか。デキャスパーとスペンス（DeCaspar & Spence, 1986）は，胎児期に経験したことを誕生後も記憶しているかどうかを調べている。まず，妊娠中の母親に絵本の物語を録音してもらい，妊娠期の最後の6週間に毎日録音された物語を聞かせた。新生児が誕生した後，子どもに録音した物語を聞かせた。物語を聞かせると，吸啜反応のスピードが速くなり，新生児がその物語に興味をもっていることを示した。また，別の母親が読んだその物語を聞いた場合でも，その物語に興味を示した。このことは，胎児期に聞いた物語について，母親の声を覚えているだけでなく，話の内容についても記憶していることを示している。

(2) 乳児の記憶

赤ちゃんは，物事の因果関係を記憶するのであろうか。ロビー＝コリアーら（Rovee-Collier et al., 1980）は生後3か月の赤ちゃんの記憶を調べている。まず，赤ちゃんを，モビールのあるベッドで寝かせる。実験者は赤ちゃんの足に紐をつけ，

図5-4 赤ちゃんの記憶についての実験（Rovee-Collier et al., 1980）

その紐をモビールに結んでつなげた。図5-4のように，足を動かすとモビールが動くように用意した。実験者は赤ちゃんに自分の足を動かすことで，モビールが動くことを体験させ，「足を動かすことでモビールを動かせる」という因果関係を学習させた。実験後，2〜14日間で，足の動きでモビールを動くことを覚えているのかを調べた。その結果，赤ちゃんは2〜8日間は，足を動かすことでモビールが動くことを記憶していた。しかし，14日後ではその記憶は消失していた。この結果は，生後3か月の乳児であっても，1週間は記憶していることを示している。

2. 幼児の記憶

　幼児期になると記憶は能動的になってくる。幼児はどのような記憶をするのであろうか。記憶をするためには，①情報を記憶しようと意識化すること，②情報を短期記憶にとどめるための反復リハーサルを行うこと，③長期記憶に情報を送り込むための精緻化リハーサルを行うことが有効だと考えられる。幼児は，記憶の仕方にどのような特徴がみられるのであろうか。

(1)「記憶」についての理解の発達

　幼児は「覚えること」と「見ること」の違いがわかっているのであろうか。アッペルら（Appel et al., 1972）は，幼児，小学1年生，5年生に動物や乗り物などの絵を見せ，「覚えること」と「見ること」の違いがわかっているのかどうかを調べた。半分の子どもには絵を提示して「覚えなさい」と教示した（記憶条件）。残りの半分の子どもには，絵を「見なさい」と教示をした（視覚条件）。その後，子どもが

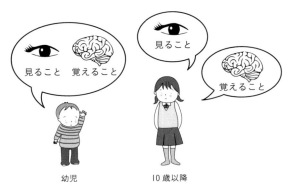

図 5-5 「覚えること」と「見ること」の違いの理解（Appel et al., 1972 より作成）

提示した絵をどれだけ覚えたのかを調べた。

その結果，幼児と 1 年生では，記憶条件と視覚条件での記憶成績は同じであった。しかし，5 年生では，視覚条件よりも記憶条件で記憶成績が優れていた。この結果は，幼児や 1 年生では，記憶と視覚，「見ること」と「覚えること」の違いはまだわかっていないこと，「覚えること」と「見ること」の違いがわかるのは，10 歳以降であることを示している。すなわち，5 歳前後までは，子どもに覚えるように伝えても，提示された情報を見ている傾向があり，覚えることについて保育者から具体的な説明や示唆が有効であることを示している。

(2) 反復リハーサルの発達

「覚える」ために，何をすることが必要なのだろうか。覚える方法の 1 つが,「リハーサル方略」である。リハーサル方略とは，覚える項目の名前をラベリングしたり，反復する方法のことである。たとえば，リンゴとニンジンを覚えるときに，「リンゴ，ニンジン，リンゴ，ニンジン」と名前を反復して覚える仕方である。幼児は覚えるときに，

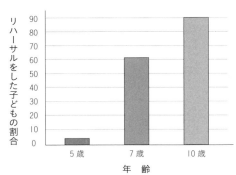

図 5-6 反復リハーサルした子どもの割合（Flavell et al., 1966）

自発的にこのリハーサル方略を使っているのであろうか。

フラーベルら（Flavell et al., 1966）は，5，7，10歳の子どもに，7枚の絵を覚えさせた。実験者は，子どもがリハーサルしているかどうかを見るために，唇のようすを観察した。すると，覚えるときに子どもの唇の動くことが観察された。この行動は，絵を覚えるときに絵をラベリングしてリハーサルしていることを示している。図5-6は，子どもがリハーサルしている割合を示したものである。この図から，年齢が高くなるほど，リハーサルをしながら，絵を覚えようとしていることがわかる。とくに，5歳から7歳にかけて，リハーサル方略を使う子どもの数が急激に増えていることを示している。

(3) 精緻化リハーサルの発達

反復リハーサルは短期記憶に情報を保持するには有効であるが，長期記憶に情報を取り入れるためには精緻化リハーサルを使ったリハーサル方略が有効である。精緻化リハーサルとしては，覚える情報を同じカテゴリーどうしをまとめて記憶する体制化の方法がある。この精緻化リハーサルについて，子どもは何歳ぐらいから使うようになるのであろうか。

ナインマークら（Neinmark et al., 1971）は，6歳から20歳の人を研究参加者として，体制化記憶がどのように発達するのかを調べている。そこで，研究参加者に動物，乗り物，家具，装飾品の4つのカテゴリーに属する6つずつの事物を描いた24枚の絵カードを提示した。絵を提示するときには，同じカテゴリーの事物が隣接しないような順序で提示して覚えるように教示した。具体的には，ライオン，バス，タンス，時計，キリン，オートバイ，ネックレスのような絵カードを研究参加

図 5-7　反復リハーサルと精緻化リハーサル

者に提示して覚えるように求め，その後，これらの事物の名前を思い出させた。

図 5-8 は，どれだけ事物の名前をまとめて思い出したのかという指標（群化率：体制化量）を年齢ごとに示している。この結果をみると，8 歳から 10 歳にかけて，急激に体制化方略を用いて記憶することがみられることが示されている。

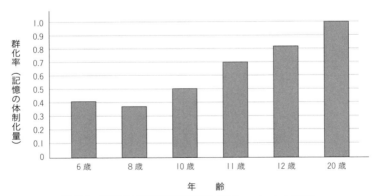

図 5-8　記憶での体制化方略の利用（Neinmark et al., 1971）

(4) 短期記憶とワーキングメモリ

　子どもは会話をしたり、絵本の意味を理解したり、問題を解決するときに、どれだけの情報について処理できるのであろうか。このような理解や問題解決に関係する情報処理領域として、ワーキングメモリがある。

　このワーキングメモリの発達については、パスカル＝レオンとベラールジョン（Pascual-Leone & Baillargeon, 1994）がM容量として研究を行っている。表5-1に示すように、M容量は、「e + k」の式で表される。eは課題を解決するのに必要な情報や教示を保存するスペースである。kは、年齢とともに増加していくスペースである。たとえば、3歳から4歳であるとkの容量が1つなので、1つの操作が必要な問題は解決できる。5歳から6歳にかけてkの容量が2つに増加するので、2つの操作が必要な多少複雑な課題を解決できる。

表5-1　年齢およびピアジェの下位段階との対応関係からみた仮定のM容量の値（Pascual-Leone & Baillargeon, 1994）

M容量（e + k）	ピアジェの下位段階	年齢（歳）
e + 1	初期の前操作期	3～4
e + 2	後期の前操作期	5～6
e + 3	初期の具体的操作期	7～8
e + 4	後期の具体的操作期	9～10
e + 5	形式的操作期への移行段階	11～12
e + 6	初期の形式的操作期	13～14
e + 7	後期の形式的操作期	15～16

e：課題解決のためのスペース
k：年齢とともに増加するスペース

3. メタ認知

　記憶を行ううえで有効な機能としてメタ認知がある。メタ認知は,「自分の中の自分」とか「自分の認知を客観的に認知する機能」ともいわれ,自分の思考や行動を自分自身で認識する機能である。メタ認知がスムーズに機能することで,子どもが主体的に記憶することができる。

　ブラウン (Brown, 1978) は,メタ認知は以下のような下位能力で構成されていると仮定している。

①自己の能力の限界を予測する能力。
②自分にとって,今何が問題かを明確にできる能力。
③問題の適切な解決法に気づく,そして解決策のプランを立てる能力。
④自分の考えていることが正しいかどうかを点検しモニタリングする能力。
⑤実行結果と目標を考慮し,実行中の方略の続行,中止を判断する能力。

　それでは,幼児はメタ認知をもっているのであろうか。フラーベルら (Flavell et al., 1970) は,幼児のメタ認知を調べている。保育園児 (4歳),幼稚園児 (5歳),小学2年生 (7歳),4年生 (9歳) の子どもに,1枚から10枚の絵カードを見せて,「絵を全部再生できるか」を予測させた。その後,それらの絵について,実際に再生させた。

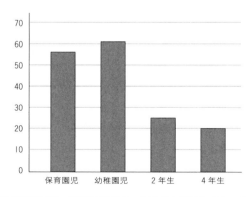

図 5-9　自分の記憶を正しく予測できなかった子どもの割合 (Flavell et al., 1970)

図5-9は,「10枚の絵カードを再生できる」と間違った予測をした子どもの割合を示したものである。この結果から，7歳や9歳の子どもは20%だけが間違った予想をしているが，4歳や5歳の子どもの半数以上が間違った予想をしていた。この結果は，5歳前後の幼児期では，まだ自分の記憶能力について正しい知識をもっていないことを示している。

　また，ジャスティス（Justice, 1985）は，子どもがどのような記憶方略が有効であるかを予測できるのかを調べている。7歳，9歳，11歳の子どもを対象に,「反復リハーサル」「精緻化リハーサル」「注視」「命名」の4つの記憶方略の有効性を判断させた。子どもに，提示された12枚の絵の名前を覚えるために，4つの方略を用いている子どものビデオを見せた。「反復リハーサル」では絵の名前を声に出して覚える,「精緻化リハーサル」では意味的に類似した名前を反復して覚える,「注視」では絵を見つめる,「命名」では絵の名前を言うビデオを見せた。どの方法が記憶を助けるのかを子どもに尋ねた。その結果，9歳以降で，精緻化リハーサルが有効であると判断できた。この結果は，記憶方略についてのメタ認知が現れるのは9歳以降であることを示している。

第3節　記憶の支援

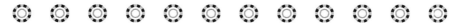

1．教師・保育者の言葉が子どもの記憶に深く刻み込まれるように

　日常生活で，子どもはどのように記憶しているのだろうか。日頃，子どもたちを見ていると，保育者の言ったことを守れない場面をよく見かける。たとえば片づけをすることや，廊下を走らないなどを事前に話をしてもなかなか守れないことがある。約束が守れない場面で保育者が注意すると，子どもはハッとしたりバツが悪そうな顔をしたりすることを見かける。子どもは，保育者の言ったことを忘れてしまうかというと，そういうことではなさそうである。覚えているのだけれど，その場面で思い出せないということが多い。

　保育者が子どもにどのようにして話を伝えるかによって，子どもの記憶がどの程度明確に保持されるかが決まる。そこで，保育者が子どもに話しかけるとき，どのようなことに注意を払い子どもとの会話を進めているのか，また子どもによって記憶の仕方が異なることがあるのかを示す1つの事例を紹介したい。

　子どもたちと動物園に遠足へ行く事例をもとに，保育者の話し方と子どもの記憶について考えてみよう。子どもたちにとって，遠足はとても楽しみな行事である。動物園に行って，普段見ることのできない動物を見ることは，特別なことで，子どもはこの日を心待ちにしている。遠足に行くまでに，クラスの友だちどうし動物の話をしたり，動物園にいる動物を図鑑で調べたりする。積み木コーナーに積み木と動物の形の積み木を置いておくと，自分たちで動物の種類を分類して動物園遊びをしている姿もみられる。また保育者は動物園の案内図を壁に貼ってどの動物がどのゾーンにいるか子どもに伝える準備をする。そして遠足前日，保育者が子どもたちに遠足の話をすることになった。保育者Aと保育者Bという仮の保育者を想定して，この2人の遠足についての話し方をみてみる。

　まず保育者Aの話し方についてみてみよう。

　●保育者Aの話
　　保育者：明日は何の日か覚えていますか？
　　子ども：動物園へ遠足！
　　保育者：そうですね。

>動物園では，ライオンやトラなどのエリア，ゾウやシマウマ，キリンのエリア，ウサギなどのふれあいができるエリアの順番に回って行きます。楽しみに行きましょう。

このような話し方をすると，ほとんどの子どもが保育者の話をすぐに忘れてしまう可能性がある。保育者として遠足について大事なポイントを話しているが，子どもの記憶には残りにくく，どんな話であったかについても思い出しにくい。

次に，質問形式を用いて子どもに発言させながら，遠足の話を進めていく保育者Bの話し方をみてみよう。

●保育者Bの話

>保育者：明日は何の日か覚えていますか？
>子ども：動物園へ遠足！
>保育者：そうですね。
>　　　　動物園では，ライオンやトラなどのエリア，ゾウやシマウマ，キリンのエリア，ウサギなどのふれあいができるエリアの順番に回って行きます。さて問題です。
>　　　　はじめに行くエリアは，どんな動物がいるエリアですか？
>子ども：ライオンやトラの所！
>保育者：そうです。ではライオンやトラはどんな鳴き声でしょうか？
>子ども：ガオー！
>保育者：本当にガオー，と鳴いているかみんな確かめてください。

保育者Bは，子どもに動物園や動物についての質問をしながら遠足の話をしている。子どもたちは動物園のことを友だちと話したり調べたりしているのでいろい

ろな知識が身についている。そこで子どもに質問をすることで，子どもは動物園や遠足について興味をもちながら記憶を深めている。記憶とは，保育者の話を覚えることではなく，子どもがその話をいかに深く理解し，子どもの知識のなかにどれだけ刻みこめるかが重要である。保育者Bは，子どもにいろいろな質問をしている。子どもは保育者からの質問に答えることによって，動物園のことについてより深く考えたのであろう。さらに，質問に答えるなかで，子どもの興味や関心が動物や動物園に向けられ，そのことが子どもの記憶に影響しているように思われる。

　また，保育者Bは，子どもにライオンやトラなどの動物がどんな鳴き声をするのかを尋ねている。このことにより，子どもは動物園や動物のイメージを喚起し，記憶に深く刻まれ，子どもの記憶がより確かなものになったのであろう。この他にも，「動物の食べる物」「動物の歩き方」など，子どもが興味関心を示すポイントに話の中心をもっていくことで，楽しく覚えていくだろう。

2. 忘れ物が多い子どもへの支援

(1) 子どもは，生活の流れのなかで，いろいろな事柄を理解し記憶する

　保育所や幼稚園の生活では次に何をしたらよいのかわからないと不安になるが，次に何が起こるのかがわかれば安定した園生活を過ごすことができる。日常生活での流れについての知識をスクリプトという。園生活に密接に関連したスクリプトとして，登園から降園までの1日の流れの知識について考えてみる。

　ある園の生活では，①登園する，②保育者と挨拶をする，③自分のカバンを部屋の棚に入れる，④着替える，⑤友だちと遊ぶ，⑥絵を描く，⑦昼食を食べる，⑧遊び，⑨片づける，⑩保育者の話を聞く，⑪降園のような流れがある。この流れがスクリプトである。もちろん，園ごとに，この順序や内容は異なる。このスクリプトを獲得することで，子どもは園での生活をスムーズに楽しく過ごすことができる。そして，子どもがこのスクリプトをどの程度獲得しているかにより，日常のいろいろな事項についての理解や記憶がうまくできる。

　園での生活のなかで，子どもはいろいろと準備することがある。着替え，歯磨き，トイレなど，その一つひとつは大切な活動であり準備が必要である。毎日同じことの繰り返しであるが，その一連の流れを覚えることができない子どもがいる。その場合，子どもの準備が進まず保育者は困ることがある。

たとえば，朝登園してくると帳面に出席シールを貼り，コップ・タオル・帽子を片づける。園によっては着替えをするところがある。その一つひとつのことができずに，時間がかかったり，準備を忘れたりする。子どもが一連の流れを把握できず，混乱し，園生活にストレスを感じ，不安になり登園を渋ることもある。そして他の子どもと比べ，準備や活動がなかなかできず，自己有能感が低下したり，自信をなくしたりする。また，まわりの大人や子どもからの注意などにより，子どもの劣等感を助長したりする。

　それでは，子どもがこの流れを理解し覚えやすくするには，どのようなことが可能だろうか。カバンから帳面を出す，コップやタオルを片づける，という活動は日々の取り組みで繰り返し行われることであり，この流れをイラストにして，子どもに示すことが有効である。イラストによって，一連の流れを全体として理解でき，イメージとして記憶される。

　さらに，その流れを提示する際に，簡単なリズムをつけて口ずさむことも有効である。リズムをつけることで，流れを覚えることが楽しく，ミスを減らすことができる。このとき，帳面・コップ・タオルについて一つひとつ何をするかはリズムのなかに入れることは必要としない。帳面というキーワードをもとに，子どもはシールを貼って所定の場所に片づける。コップ・タオルというキーワードをもとに所定の場所に置くことができるようになる。

(2) 記憶を妨げる不安

　不安やストレスなど心理的な問題によって，忘れ物をしたり不注意になったりする子どもがみられる。日頃から，親や保育者から何度も注意を受けている子どもは，

いつか失敗するかもしれないという不安や失敗に対する劣等感をもっている。そのような不安や劣等感があると，記憶力にマイナスの負荷がかかる。

したがって，日頃から，大人が子どもにどのような声かけをするかは重要である。なかなか準備が進まず遊んでしまう子どもに「早く準備して！」や「今何をするとき？」と言ってしまうことが多い。しかし，そのような言葉かけによって子どもは委縮してしまい，今は何をするべきかを考えることが難しくなる。

そのようなときに，大人は子どものできなかったところ注意するのではなく，子どもができたところをほめることが重要である。子どもができなかった所から始めやすいようにヒントを与えることが大事である。たとえば，「帳面まで終わったのね。次はコップからだね。コップの準備の続きからできる？」と具体的な手順を伝えるとよい。

また，部屋の中の環境づくりも保育者は考慮しなければならない。できるだけ準備がしやすいようなレイアウトが必要である。帳面を出したらすぐ隣にコップやタオルを置く場所があって，自分で確認しながら行うことが大変重要で，しだいに自信をもって行動できるようになってくる。忘れ物が多い子どもには具体的に指示をする，わかりやすいルーチンを子どもと一緒に考えることでその子どもの自尊感情はしだいに高まり自ら気をつけるようになる。

3. 危険の注意喚起をするための支援

保育者が子どもにいろいろな話をするが，そのなかでどうしても身につけてほしいことが，自分で自分の身を守る力である。安全に対する注意喚起はとても重要で，幼児といってもある程度自分で自分の身を守る力を身につけられるように日々の生活で伝えたい事柄である。

たとえば，保育者が「廊下を走ったら危ないよ」と子どもに注意を促すときがある。このようなことについては，朝の会などクラス全員の子どもに守ってほしい事項として話をする。また，子どもたちが廊下などで走っているときに，「走らないで！」と保育者が注意や制止することも多くみられる。廊下を走っていると，子どもどうしが衝突をすることがあり，そのことで大きな怪我や事故につながる可能性があり，気をつけなければならない事柄である。子どもの思いのなかには「廊下は歩かなければ危ない」「先生に注意されるのが嫌だ」という認識はあるが，「遊びの続きがし

たい」「早くみんなの所へ行きたい」などの気持ちが強いので,「廊下を走ってはいけない」ことを一瞬忘れて,廊下を走ってしまう姿がみられる。しかし,やはり走らないで移動してほしいと保育者は願っている。

　子どものようすを見ると,全員が走っているわけではない。保育者がいなくても気をつけて生活している子どももたくさんいる。走る子どもを観察してみると,部屋の中から廊下へ飛び出して行くことが多くみられ,そのまま走って行ってしまう。そのような子どもに対して保育者が「声を出して注意」を促してもなかなか身につくものではない。このような場合,言葉ではなく,イラストや絵など「視覚的に注意」を促すことが有効である。それでは,視覚的にこれらの注意を提示すると,子どもはどのような行動をするだろうか。

　そこで,注意を促すための方法として足型マットを作成した。図5-10のような絵を示し,床に置く。そうすることにより子どもの走る活動に変化がみられるかどうかを調べてみた。床に「とまれ」の標示（足型）を貼ることにより,子どもはここでは止まることを理解するだろうか。

　まずは,この標示を子どもたちに説明するところが大切である。

図5-10　注意マット

保育者：このマットは「とまれ」のマットです。
　　　　このマットの上で止まってから廊下に出るようにしましょう。
子ども：はーい。
保育者：置く場所は，部屋の出入り口です。廊下へ出るとき飛び出しているお友だちがいるので一度マットの上で止まってから出るようにしてください。
　　　　なぜ廊下へ出るときは走って行ったらダメかわかりますか。
子ども：飛び出すと友だちとぶつかる。走るとすべって転ぶ。
保育者：転んだりぶつかったりすると大変危ないので，マットの上で一度止まってから廊下に出るようにみんなも気をつけてくださいね。

　保育者は，大変簡単な約束を子どもと交わし，保育室の出入り口に「とまれ」と「足型」の描かれたマットを置くことにした。
　その結果，「とまれ」のマットがないときに比べ，マットを置くことで，子どもたちも走って行かずに止まることを意識するようになった。子どもは，マットの上で一度止まって，その後廊下へ出ることがかなり多くなった。マットの上で止まらずに出てしまう子どもに対して友だちどうしで「○○ちゃん，止まらないと危ないよ」と声をかけ合う姿がみられるようになった。このように「言葉による注意」だけでなく「視覚的な注意」も提示すると，子どもの行動に変化がみられた。
　子どもの足元に注意喚起をする視覚的表示をすることにより，子どもの注意への意識が高まり安全に生活できるようになった。しかし，注意喚起の視覚表示を置いておけばこれで問題が解決したのではない。子どものようすを見守るなかで，その後のことを考える必要がある。視覚表示のマットを長い間置いておくと，マットに頼りすぎて自分の意思で行動できているのか判断が難しくなる。また，マットを見ないでも約束を守れるようになってほしいと願うところもあり，ある程度の時期に，保育者がマットを片づけるタイミングのことを考えておく必要がある。その場合に，保育者が子どもに何も言わずに片づけるのでなく，子どもたちに注意の意味や片づける意味を説明して，片づけるように心がけることが大切である。
　その後子どもたちが自分たちの意思で止まることができ，気をつけて生活をすることができていればとても有効であると考える。

Column 5

Q:「発達障害の子どもがいます。安全面にどのような配慮が必要でしょうか」

A:発達障害といっても個人差があり,子どもによって配慮しなければならないことが違うため,ここでは一般的な注意を示したいと思います。

　いろいろな事物へ注意意識を向ける子どもの場合は周辺環境の整理が必要になります。部屋の環境として,気づく限りの危険なものは手の届かないところへ片づけます。ハサミやセロハンテープの台など,鋭利な部品があるものはもちろんのこと,マジックの蓋など小さな部品は,口に入れるなどの危険性があります。

　次に注意すべき点は,子どもへの関わり方です。発達障害の子どもは目が合わないことが多いのですが,そういう子どもたちに対して目線を合わせて話をすることが求められます。目線を合わすことで相手の存在を受け入れ,相手も自分の存在を認識してはじめてコンタクトができます。そのコンタクトがベースとして動作や言葉がけをするように心がけます。

　子どもの機嫌がよい時など平常時に関わる場合は腕や手首をつかむのではなく,「手をつなごう」や「おいで」などの言葉がけをしてから手を差し出すと,子どもから手をつないだりしてきます。「言葉が先で,手が後」です。この関係が築けるときはしっかりとラポールをとれる機会と考え,その時間を大切にします。注意や危険な時は,即座にその行動を制止しないといけません。子どもの突発的な行動を止めるために腕を引っ張ってしまうこともありますが,これはできるだけ避けましょう。へたをすると肘が抜けることがあります。また,腕や手首をつかまれると子どもは恐怖を感じ余計に興奮してしまう場合があります。腕ではなく子どもの手をぎゅっと握って対応することを心がけます。保育者が落ち着いて関わることにより子どももしだいに落ち着いてきます。そして子どもと同じ目の高さでゆっくりと話しかけて子どもの気持ちを整理していくと,子どももしだいに落ち着きを取り戻してきます。

第6章
人間関係の発達

第1節　親子関係の形成

　親子関係は子どもの精神的発達と健全な自立の基盤となるが，現代社会にはさまざまな構造的問題があり，健全な親子関係が築かれないこともある。うまくいかない親子関係が原因となって子どもの精神的な発達が阻害されたり，虐待などの問題に発展することもある。ここでは，親子関係の発達と，親子間のアタッチメント（愛着）形成，そして現代社会の親子の問題などについて考える。

　人間の赤ちゃんは出生前に40週間（10か月）近くを母親の胎内で過ごす。そのため赤ちゃんは，生まれた直後，母親との密着度が非常に高い。ほぼ一心同体（実際には「二心」同体）として胎児期を過ごすため，かなり早い時期から自分の母親についてはよくわかっていることが知られている。たとえば母親の声は胎内にいる時期からよく聞いていて他の人の声と聞き分けることができる。胎児は胎内で羊水に包まれていて，外部の音や声はあまりよく聞こえないが，母親の声だけは内側から響くので，かなりよく聞こえている。また，母親の匂いなどもわかっているようで，自分の母親だけは早い時期から他の人と区別できていることが知られている。

　そのように密着度の高い母親という存在は，乳幼児期の子どもにとって常に自分の欲求を満たし保護してくれる「安全基地」である。そのため，生後5〜8か月頃になると母親以外の人に抱かれると嫌がって泣くなど「人見知り」が始まり，母親と引き離されることに強い「分離不安」を抱くようになる。また，生後9〜14か月頃には母親のあとを追い，どこにでもついていこうとする「後追い」行動も盛んになる。やがて2〜3歳頃になると母親が視界の中にいなくても安心して遊んでいられるようになる（個体化が確立する）が，幼児にとって母親は，常に精神的な安全基地として頼れる存在であり，少し離れては，また戻り，また離れては戻ること

を繰り返しながら徐々に自立度を高めていく。

1．マーラーの「分離と個体化」

　赤ちゃんの時は親に抱かれて完全に親に依存していた子どもが，徐々にハイハイを始め，つかまり立ちをして，やがて一人で歩けるようになって身体的な自立を獲得するように，心理的にも少しずつ自立のプロセスが進んでいく。マーラー(Mahler, M.) の乳幼児期パーソナリティ発達理論によると，乳幼児が親から少しずつ離れ自立を獲得する過程は「分離と個体化」とよばれ，段階的に発達していく。

　子どもは生まれた直後，母子一体状態であり，母親と密着し，融合しているという感覚が強いが，生後5〜8か月頃になると，手を伸ばして母親の顔に触れるなど，自分と他者が別の存在であると認識し始める（①分化期）。生後9〜14か月頃には，つかまり立ちや歩行ができるようになり，母親の存在を「安全基地」として常に意識しながらも，自由に行動し始める（②練習期）。生後15か月〜2歳頃になると，一人で熱中して遊ぶことが増えるが，一人では不安で母親と一緒にいたいという気持ち（分離不安）が押し寄せて不安定になることがある（③再接近期）。

　とくに③再接近期以降は，「魔の2歳児」とよばれるような第1次反抗期にさしかかる時期でもあり，何をしようにも「イヤイヤ」と反抗したり「じぶんで，じぶんで」と何でも自分でやろうとして失敗したりすることが増える。それまで親の言いなりで可愛い赤ちゃんだった我が子が，何でも反抗し始めて，急に扱いにくくなるため親は戸惑い，イライラしがちになることもあるが，反抗とは「自我の芽生え」であり，自立へ向けたプロセスの一部という理解で，本人ができることを中心に気

長に支援する必要がある。

また，③再接近期には親と引き離されることに強い不安を感じる「分離不安」も強まる。「分離不安」とは，親が自分を置いて行ってしまい，もう戻ってこないのではないかという不安から来るもので，①分化期の後半，生後8か月頃からみられるようになり，②練習期と③再接近期の1～2歳頃に最も強くなることが多い。幼

```
1. 未分化期（Nondifferentiation）：生後1～4か月程度
母親の胎内で過ごした胎児期の延長線上にあり，まだ母子一体状態が続いている。自分と外界の区別がなく，母親と密着することで調和し融合しているという感覚が強い。
```
↓
```
2. 分離・個体化期（Separation-Individuation）：生後5～36か月程度
少しずつ母親との距離が離れ，自分で活動し始めるようになり自立度を高めていく。マーラーは以下の過程で分離・個体化が進むと考えた。
```

```
①分化期（Differentiation）：生後5～8か月程度
少しずつ母親との距離が離れ始める。手を伸ばして母親の顔に触るなど自分と他者が別の存在であるという認識ができ始める。同時に，母親と他の人を区別し，知らない人に抱かれると泣くなど「人見知り」が始まる。
```

```
②練習期（Practicing）：生後9～14か月程度
つかまり立ちや歩行ができるようになり，常に母親の存在を気にしながらも，おもちゃで遊ぶなど自由に行動し始める。母親は常に「安全基地」として意識されており，母親がそばにいないと不安になり姿が見えなくなると泣いて探したり，後を追うことがある。また，不安を和らげるために「おしゃぶり」が始まったり，特定の人形を常に持ち歩くなど，母親に対する愛着を移行する「移行対象（Transitional Object）」が見られることもある。
```

```
③再接近期（Reapproaching）：生後15～24か月程度
1人で熱中して遊んだり，母親に近づいて抱っこをねだるなど行ったり来たりを繰り返しながら徐々に母親との距離が離れていく。1人立ちしようという分離意識が高まるとともに，1人では不安で母親と一緒にいたいという分離不安が押し寄せて相反する気持ちの間で揺れ動く。それまでの調和的な安心感が失われ，一時的に不安定になって癇癪を起こしたりわがままな態度が増えることもある。
```

```
④個体化期（Individuation）：生後24～36か月程度
母親の姿が見えなくても落ち着いて遊んでいられるようになる。母親がその場にいなくても「見捨てられたわけではない」と理解できるようになり，心の中に母親像が確立する。
```

図6-1　マーラーの乳幼児期パーソナリティ発達理論

児はまだ記憶能力が未成熟であり，時間の感覚もあまりないため一度親がその場からいなくなると「もう戻ってこないのでは」という不安を感じるが，少しずつ過去の体験と記憶が思い出せるようになり「ここにいなくても，また戻ってくる」と理解できるようになると不安も治まってくる。親は，子どもの「分離不安」に過剰に反応せず，本人が遊びやおもちゃに熱中できるように支援したり，（空腹の時や嫌なことがある時に不安がとくに強まるので）空腹感や不安感を抑えるような環境づくりを心がける必要がある。やがて，2～3歳頃になると，心のなかに母親像が確立し，母親の姿が見えなくても落ち着いていられるようになる（④個体化期）。

2. ボウルビィのアタッチメント（愛着）の理論

　子どもは親の愛情を支えにして，親に依存したり離れたりしながら「分離と個体化」のプロセスを経て，やがて自立を確立していく。このようにして発達する親子の間の絆をボウルビィ（Bowlby, J.）はアタッチメント（愛着）とよんでいる。アタッチメントとは，「ぴったりと寄り添いくっついていること」という原義があり，親子の間に築かれる強い信頼関係や情愛の絆のことを指している。

　ボウルビィは，アタッチメントの発達過程を4つの段階に分けて説明している。

①初期の愛着段階：生後12週くらいまでは，母親と他人の区別がついておらず，近くにいる人をだれかれとなく見て，だれに対しても「アーアー」と話しかける。
②愛着形成段階：生後12週から6か月くらいになると，母親と他人の区別がつくようになり，母親のほうをよく見たり，母親があやすほうが機嫌はよいとい

うことが多くなる。
③明確な愛着段階:生後6か月から2,3歳くらいになると,母親への明確な愛着を形成し,母親の後を追うようになったり,泣いていても母親が抱くと泣き止むようになる。
④目標修正的協調関係:生後2,3歳を過ぎると,母親がその場を離れても「すぐ帰ってくる」と母親の行動を予測して安心して過ごすことができるようになる。

アタッチメント（愛着）は,どのような親子関係でも築かれると考えられるが,その質が問題になる。エインズワース（Ainsworth, M.）は,ストレンジシチュエーション法という実験で子どもと親の間のアタッチメントの質を調べている。

【ストレンジ・シチュエーション法】
満1歳の赤ちゃんが母親と見知らぬ人（ストレンジャー）に対して,どのように反応するかを調べた実験で次の8場面（それぞれ3分間）における子どもの反応をみる。

①最初に母親と子ども,そして実験者が部屋に入る。（その後,実験者は退室）
②母親は椅子に座り,子どもはおもちゃで遊ぶ。
③見知らぬ人が入室する。
④母親は退室し,見知らぬ人が子どもに働きかける。（1回目の親子分離）
⑤母親が再び入室し,見知らぬ人は退室する。（1回目の親子再会）
⑥母親が退室し,子どもは1人で取り残される。（2回目の親子分離）
⑦見知らぬ人が入室し,子どもを慰める。
⑧母親が入室し,見知らぬ人は退室する。（2回目の親子再会）

親子のアタッチメント（愛着）の質を調べるストレンジ・シチュエーション法では,以下の4タイプの愛着関係が発見されている。
　1．A群（回避型）:母親がいなくなっても泣かず,母親と再会しても喜ばない。
　2．B群（安定型）:母親がいなくなると悲しみ,母親との再会を喜ぶ。
　3．C群（不安型）:母親の不在を極端に不安がり,再会してもなかなか泣き止

1歳〜1歳半の赤ちゃんが母親と離れたり，見知らぬ人と接触したりするなかで，どのような反応を示すかをみる。

子ども　母親　実験者　見知らぬ人

① 実験者が母親と赤ちゃんを案内。実験者は赤ちゃんを降ろす位置を指示して退出。(30秒)

⑤ 母親が入室（1回目の母子再会）。見知らぬ人は退室。(3分)

② 母親は椅子に座り，赤ちゃんは自由に遊ぶ。(3分)

⑥ 母親が退室（2回目の母子分離）。赤ちゃんは1人残される。(3分)

③ 見知らぬ人（ストレンジャー）が入室。(3分)

⑦ 見知らぬ人（ストレンジャー）が入室し，赤ちゃんをあやす。(3分)

④ 母親が退室（1回目の母子分離）。見知らぬ人（ストレンジャー）が赤ちゃんに働きかける。(3分)

⑧ 母親が入室（2回目の母子再会）。見知らぬ人（ストレンジャー）は退室。(3分)

図6-2　ストレンジ・シチュエーション法の実験図（林，2010より改変）

まない。
 4．D群（無秩序型）：母親を無視したり顔をそむけながらも近づいていくなど，行動に一貫性がない。

　最も安定した健全な愛着関係を築いていると思われるのがB群である。母親と一緒にいるときは母親に近寄ったり声をかけたりしながら遊ぶが，母親がいなくなると不安になって泣き出し，見知らぬ人に対しては不安な気持ちをみせる。そして再び母親が入室すると喜び，やがて安心して，またおもちゃで遊び始める。B群にとって母親は心理的な「安全基地」であり，健全な信頼関係ができていることを示している。

　一方で，A群（回避型）は，母親と一緒にいても自分1人でいるかのように母親を無視して遊び，母親に近づこうとしない。母親が退室してもまったく泣かず，母親と再会しても喜ぶようすがないタイプで，母親との接触を求めていないようにみえる。このタイプの子どもは，根底には母親を求める気持ちがあっても，それを直接的に表現せず内側に秘めていると考えられる。過去に，繰り返し母親に接触を求めて近づいていったが拒絶されることが多かったために，積極的に接触を求めようとしなくなったと考えられる。

　またC群（不安型）は，A群とはまったく逆の反応をみせるタイプで，母親と一緒にいるときはそばを離れず，母親がいなくなるとパニックになって泣きわめき，母親と再会すると歓迎するものの右手で母親にしがみつきながら左手で母親をたたくといった行動をとる。母親との絆が不安定で，母親を求めつつも憎んでいるような態度が観察できる。これは母親を信頼しきれていないために，一緒にいるときは必死でしがみつき，いなくなると怒るといった態度が表れるのではないかと考えられる。

　D群（無秩序型）は，母親を無視する，にらみつけるなどの不可解な行動をとることが多く，上記のA〜Cの3つに分類できないタイプである。D群の子どもについては，親子間に虐待や育児放棄などにつながる大きな問題があることがあるため，とくに注意深く観察する必要があると考えられている。

　それでは，どのようなことが，このような愛着形成に影響を与えるのだろうか？エインズワースは，ストレンジ・シチュエーション法で実験すると同時に，その母親たちの子育てのようすについても観察をしており，B群（安定型）の母親たちは

子どもの働きかけに敏感かつ適切に反応していることを確認している。またB群（安定型）の母親たちは子どもに対して受容的で，愛情のこもった「抱き」が多いことも特徴的である。それに対してA群（回避型）やC群（不安型）の子どもたちの母親たちは子どものシグナルに気づかなかったり，反応が非常に遅かったり，無反応であることが多く，とくにA群（回避型）の母親は子どもを抱こうとせず，子どもとの身体的な接触を避けようとする傾向があることが報告されている。このような母親自身の育児に対する姿勢が，親子間の愛着形成に影響を与えていると考えられており，母親自身が育児に喜びを感じながら，子どものシグナルに適切に反応していくことが大切になるといえる。

　アタッチメントとは，苗木がまっすぐに育つように支える添え木のようなもので，親の愛情も，必要なときに十分与えられることで子どもの健全な成長を支えることができる。しかし添え木であるアタッチメントがまったくなかったり，不適切であったり，過剰であったりすると苗木は押されたり倒れたりして一直線に成長していくことができない。親の愛情も，子どものシグナルに応じて適切に与えられることで，子どもとの間に健全なアタッチメントを築くことができ，それに支えられて子どもも大きく成長し，やがて一人立ちし，自分の力でしっかりと大地を踏みしめながら，大きな実りをつけることができるのである。

第2節 集団・リーダーシップの発達

1. 集団の発達

(1) 子どもの集団参加と遊び

　乳幼児期から児童期にかけ，子どもは保育所，幼稚園，学校といった集団の中で生活する。昨今の日本において，乳幼児は比較的早期から保育所や幼稚園を経験する傾向にある。集団の参加姿勢には，自発的に参加しているもの，強制的に参加させられているもの，その中間的なものの3種がある。自発・集団への参加の仕方には個性があり，個人差が大きい。集団に入ると家庭での経験とは異なる経験が多くなり，目の前にある新たな集団に適応しようと取り組むこととなる。集団に入ってからも子どもにとって精神的に安定する場は親子の場である。子どもは，安定した場所をもつことで，新しい場所に出て挑戦し，自己を形成していく。子どもは集団の場，親子の場，一人の場がもてることで，柔軟性のある自我を確立することができる。また，それぞれの場での遊びが子どもの創造力や想像力を伸ばすこととなる。

図6-3　一人遊び

図6-4　集団遊び

(2) 集団の発生過程

　子どもは，他児との一体感や同調の必要性を感じ集団を形成する。カートライトとザンダーは，集団が集団らしくなっていくためには，4つの条件があることを提示している（表6-1）。1つ目は，集団としての目標を明確にさせること，2つ目は，

表6-1　集団の発生過程における条件
(Cartwright & Zunder, 1960)

①目標の明確化
②役目・役割分担
③独自性
④許容的雰囲気

一人ひとりがそのなかで機能していくための役目・役割をもつこと，3つ目は，他と区別されるものをもつ集団として独自性や独自の基準をもつこと，4つ目は，集団内に許容的雰囲気があることである。

　子どもの集団の形成について考えてみる。子どもは，共通の遊びを通して，自分の遊びの技術や楽しみ方を仲間に示し，仲間との関わりのなかで，もっと楽しみたいと集まってくる。共通の遊びへの関心をもつ子どもたちどうしは，お互いに遊びの質が向上できる情報を求めるようになる。同じ目的をもつ者どうし集まって楽しみたい，という子どもの欲求から仲間集団が形成される。

(3) 学級集団

　子どもは学校生活が始まると学級集団でさまざまな学びを経験していく。学級集団は，教育目標を達成するために学級編成などが法律によって規定されており，制度化されている。このように一定の組織体系として形成されている集団を「フォーマル・グループ（formal group）」という。これに対して，気の合う者どうしがいくつかの仲間集団をつくっていくことがある。このような仲間集団の成員の自発的な心理的関係に基づいて形成される集団を「インフォーマル・グループ（informal

group)」という。学級集団をみていくと，子どもたちのさまざまな人間関係がみえてくる。

2. 子どもの関係の発達

(1) 親子関係の変化

　保育所や幼稚園へ通い出す幼児期から集団生活を経験することで，子どもどうしの関係も少しずつ親密さを増し，児童期に入ると，その子どもどうしの関係が親との関係以上の大切さをもつという側面がみられるようになる。そして，子どもとそれまで親密であった親との関係に少しずつ変化がみられてくる。児童期の子どもにとって生活の中心は学校ということとなり，この時期の仲間関係が築かれるのは，学校の同じクラスの子どもどうしになる。小学校入学は子どもにとっては大きな環境の変化である。それまでの保育所や幼稚園と異なり，学校環境は子どもにとっては身のまわりのことがすべて新しく，その環境に期待をもつものの不安も大きい。入学後，数年間のうちに，子どもの社会的関係は大きく変化する。これまでの親を中心とした人間関係から，子どもどうしの仲間関係が子どもの生活の中心となり，個性，人格的特徴にひかれあった友だちとの関係がつくられる。

(2) 仲間関係

　子どもは仲間から同年齢の友だちとの付き合い方やリーダーシップの取り方，リーダーへの接近の仕方など対人態度を学んでいく。仲間と付き合うことは子どもの自己概念の発達を促し，自分が仲間からどのように受容され，拒否されるかを知り，集団に所属することから得られる満足感や自己の明確な認識をもつようになる。小学校に入る児童期になると交流する年齢層も広がり，社会性の発達について進展がみられるようになる。

　田中（1959）は，モレノの開発したソシオメトリックテストを用いて好きな友だちを選択させ，仲間選択の要因について調べた。それによると，子どもたちの仲間選択の土台と考えられるのは，「同情・愛着（おとなしい・親切など）」といった感情的結合であり，その支柱と考えられるのは，小学校低学年では「相互的接近（住所や座席が近いなど）」であり，高学年以降では，「尊敬・共鳴（学業・人柄・気が合うなど）」である。仲間に受容される特性は年齢によって異なる。

（3）ギャング・エイジ

　小学校低学年では，2，3人の少ない人数で，ごっこ遊びのような遊びを中心としているが，小学校中学年以上になると遊び集団の大きさは3〜5名が割合的に最も多く，学年が上がるにつれて少しずつ増えていく。このように遊び集団が大きくなる小学校中学年から高学年にかけて仲間関係はそれまで以上に親密なものとなる。学年が進むにつれ，鬼ごっこのようなルールのある共同遊びや，ドッヂボール，野球やサッカーといった集団ゲームが中心となってくる。これらの集団遊びの活動は，対人関係を学ぶ機会となる。とくに，児童期の半ば，小学校中学年頃から子どもの集団は，お互い気に入った同性どうしの限られた成員だけで構成され，閉鎖的で，他の時期にはない独特な親密さがみられる。いつも一緒に何かをする，という同調行動を通じて，集団に所属しているという帰属意識をもち始める。また，集団のルールが，自然発生的に出来上がる。子どもたちがこのような極端な親密感をともなう集団をつくる時期を「ギャング・エイジ（gang age）」という。

　ギャング・エイジの集団の特徴は，自然発生的につくられたインフォーマル・グループであり，心理的な安定感を求めるグループであるが，特定の目的に向かって進むときは役割分担等を定めた社会的グループの特徴も示す。同性の者どうしが遊び仲間となり，関心や活動に性差があらわれる。子どもたちの中に急速に仲間意識が発達し，今まで以上に友だちとの関

図6-5　対人関係を学ぶ集団遊び

わりを求めるようになる。集団は5～6名で構成されることが多く、外部に対し対立的に振る舞う特徴がある。友だちどうしで共有する価値観を重視し、仲間うちだけで通じるルールや約束のなかで自我を抑えることを学び、画一的な行動をとるようになる。この時期の集団は時として反社会的な行動を引き起こすこともある。しかし、この経験により集団内の役割分担や成員間の相互作用を通して、社会性の発達がもたらされる。家族以上に大きな影響をもつものであり、青年期への準備期間の役割をもつ。

(4) 仲間からの受容

仲間からの受容による子どもの仲間関係の変化にともなう親子関係の変化について取り上げたい。児童期初期には、一緒に遊びたいという気持ちから強く遊び仲間を欲し、そのことから仲間から受容されたいという思いが高まる。友だちに対してどのように振る舞えばよいのか、子どもなりに仲間からの受容について考え始める。そのような過程で子どもなりの価値観をつくり上げていく。仲間関係が広がり、社会化していく過程で子ども自身の価値観がゆらぎ、親に対して相反する感情や態度が同時に存在するようになる。この時期は、子どもとの父子関係、母子関係が分化し、親の子どもへの発達期待も考えさせられるようになる。

3. 保育者におけるリーダーシップ

近年、保育者一人ひとりの質や専門性が問われ、保育者自身の職業人としての発達について検討されている。保育者自身の成長、発達の側面においては、一人ひとりの子どもがどのような発達過程にいるのかを広い視野をもってとらえられるかが重要な課題である。西山（2006）は、「保育者効力感」について保育者の就業年数別に調査を行った。保育者効力感とは、保育場面において子どもの発達に望ましい変化をもたらす保育的行為をとることができるという信念である。西山の調査によると、保育初任者から、中堅、ベテランへと効力

図6-6 なにいろ、貼ろうかな

感が高まっていくことが明らかになっている。個人差のある子どもへの幅広い理解が可能なベテラン保育者が初任者を側面から支え，組織全体の保育の質を高める「サーバントリーダーシップ」のとれるサーバントリーダーが今，保育の現場では求められている。サーバントリーダーは，部下に仕える，こびるのではなく，組織の成員を支援し，自ら考えさせる機会をつくり出す。

図6-7　せんせい，だいすき！

　保育者として成長，発達するためには，保育者個人の成長と同時に，保育者どうしが質の高い保育の現場を目指して切磋琢磨する組織づくりが重要である。組織をつくるうえでは，成員個々の「違い」を受け入れ，違いがあることを当然のこととしてとらえ，その違いを認め合い，強みを活かすことが大切となる。保育の現場には初任者からベテランまでの保育者の数だけ個性があり，その「違いがある」ことを知り，違いを受容し，お互いに活かし補い合うことは組織の活性化にとって欠かせない。組織内の保育者がどのような保育を行っているのかをよく把握し，その多様な個性を組織の力に変えることが課題となる。変化の激しい現代社会において保育の現場も時代の変化を敏感に感じとる力が必要となり，今までの理論だけではすべてに対応できないこともでてくる。こうした現場組織のなかで求められるリーダーシップは，必ずしも従来のような指示的なものだけではなく，組織の質によって異なり，決まった一つの形ではない。

第3節　人間関係の支援

1．人間関係をどのように育てるか

(1) 保育所や幼稚園の子どもの現状

　保育所でも幼稚園でも，人と関わることが難しい子どもが増えている。人とうまく関わることができないという障害のある子どもや，そのような障害はなくても，園生活で人との関わりが苦手な子どもたちが増えてきている。

　園でけんかやいざこざが生じることは，子どもにとって日常的なことである。他方，保育者は「みんな仲良く」することを強調してしまいがちである。そこで，保育者は，子どもがトラブルやけんかを起こさないように仲裁する傾向がある。子どものトラブル場面で，子どもが戸惑わないように，保育者が先手を打ってしまいがちである。このような保育環境でできた「良好な」人間関係が必ずしもよいとは思えない。

　園生活で遊びが展開していく過程では，子どもどうしの物や場所の取り合い，いざこざやけんかがよく生じる。一見すると，いざこざやけんかが発生する状況は決して心穏やかなものではない。しかし，視点を変えれば，これらの行動は，意志をもった子どもどうしがいっしょに遊ぶなかでは，自然なことであり，必ず通る道でもある。遊び相手を友だちもしくは仲間と認めるためには，子どもは遊び相手の行動を我慢したり，妥協したり，許し合ったりと，さまざまな葛藤を経験しなければならない。これらの経験を通して，子どもは他児の気持ちに気づき，どのように折合うべきかを学び，物事の良し悪しや生活のきまりなどを実感して理解できるよい機会や場所になっている。

(2) トラブルのなかで育つ人間関係

　仲間とのトラブルのなかで，子どもが育つようすを以下の事例で考えてみよう。

●事例：ままごとのお姉さん役をめぐるいざこざ（4歳児）

　　D子は，毎朝決まった仲良しの友だちとままごとを始める。D子がカゴの中におも

ちゃの皿，コップ，スプーンを入れてくる。椅子を並べ始め，女児の友だちに「一緒にする？」と聞き，おうちごっこが始まる。D子は「私がお姉さんね」と言い，「お母さんと赤ちゃんと犬と猫のどれかになって！」と言って，友だちに役割を決めるように声をかけた。

しかし，他の子どもが，お姉さん役やお母さん役になりたがりトラブルが起きる。S子が「私もお姉さんになりたい」と言うと，D子は「私が先に始めたんだからダメよ！」「いつもお姉さんやっているじゃない！」と争いが始まった。お互いに泣きながらも「やりたい」という思いを相手に伝えようとするがなかなか決まらない。

争いに気づいたK子が，「Sちゃんもお姉さんやりたいの？」「それじゃ2人のお姉さんをつくればいいんじゃない？」と提案し，納得いかない2人の仲裁に入った。そして，最後には「ごめんね」「いいよ」とお互いに折り合いをつけ納得する。その後，2人のお姉さんがいるままごと遊びが始まり，買い物に行ったり，赤ちゃんを背負って散歩したり，ご飯をつくったりして楽しく遊んでいた。

図 6-8　感情と自己主張の成長

今までD子がままごとのお姉さんになり，D子の思い通りに役割が決められ，遊びを進めていた。ところが，今回の事例では，お姉さん役をめぐって「私もお姉さんがやりたい！」と，ままごとに参加している他児たちも主張し始め，言い争いになる。

　一緒にままごと遊びをしていたが，これまではD子が力関係では優位で，他の子どもは割り当てられた役割を我慢して受け入れて遊んでいた。しかし，S子もお姉さん役がやりたいという思いが強くなり「いつもお姉さんやっているじゃない！」と主張した。このことでD子は，S子もお姉さん役になりたい思いがあることに気づいた。

　D子が「私が先に始めたんだからダメよ！」と言うが，S子は納得がいかず，お互いに自分の意見を主張し合った。2人はなかなか折り合いがつかず，言い争いをする。そのようすを見ていたK子が「Sちゃんもお姉さんやりたいの？」とS子の気持ちを受け止め，どうすればD子とS子の両者が納得いくような解決策があるか考え，お姉さん役が2人になるということで解決を試みている。

　このように，子どもは対等な力関係で対立することもあれば，力の強弱に従っていざこざを起こすこともある。重要なのは，幼児がお互いに自分の感情や意見を出し合い，自己主張し合うことである。

2. ルールを守れない子どもへの支援

(1) 園生活でルールや約束に気づき守ろうとする子ども

　入園当初の幼児は集団の経験が少ないので，集団生活におけるルールやきまり，順番という意味を理解できず戸惑っている姿がみられる。

　なぜ子どもは，集団生活におけるルールに戸惑うのであろうか。その理由として，家庭と園生活でのルールが異なっていること，ルールそのものが子どもにみえないことが考えられる。園生活を体験するなかで，子どもは園でのルールの意味や必要性を理解し，守れるようになっていく。

　しかし，園生活を重ねても，ルールを守れない子どももいる。自分の欲求を通そうとして，友だちを強い口調で攻撃して自分の都合に合わせてルールをつくって仲間を排除するなど，自己中心的な子どももいる。このほか，遊具を独占する，他児の使っているものを横取りする，遊んだ後の片づけをしない，人のものを隠すなど

の行動がみられる。

(2) 保育者の対応

　子どもが園生活でのルールを守らない場合，保育者はどのような対応をすればよいのであろうか。ルールを守らない行動がみられたときに，保育者はその行為を止めるのではなく，子どもに立ち止まって考えさせることが重要である。たとえば，なぜルールを守らないといけないのか，そのときにその子どもがどのようにすればよかったのかを，保育者が子どもに伝えることや，子どもに考えさせることが重要である。また，その行動について子どもどうしで話し合いをさせる，ときには保育者も子どもと一緒に考えることも重要である。

　保育者がルール違反をした子どもに単純に「だめ」などの禁止の言葉を使ってその行為をとめてしまうことは望ましくない。ルールを破る行動を止めさせるだけでは，子どもにとって，ルールを守る理由や，ルールを守ることで皆と楽しく生活できることの重要性に気づけない。また，ルールを守らない行為をただ叱ったりとがめたりするだけでは，ルールを守らない子どもに劣等感を感じさせたり，自尊心が低下するなどの問題もある。

●事例：ブランコの列に割り込む，すぐに手が出てしまう子ども（4歳児）

　　スタンプラリーの準備のために，保育者がスタンプを園庭のブランコ，すべり台，鉄棒，一輪車，平均台など遊具の脇に置いていた。各遊具で遊んでスタンプを押し，さらに別の遊具に進んでスタンプを集めていくように準備をしていた。その後，子どもがそれぞれの遊具の場所で一列に並んで順番に待っていた。すると，A男がブラン

memo

コの列の先頭にいきなり割り込み，並んでいた友だちを押し倒し泣かせてしまった。その場にいたＳが「ダメだよ，Ａくん。順番を守らないといけないよ！」と言って，とっさにＡ男の頬を手のひらで強くたたいて泣かせてしまった。Ａ男は「ぼくは悪くない。ぼくが１番なんだ！」と涙を浮かべ叫んでいた。保育者がその騒動に気づき，Ａ男に「Ａくん，そんなに叫んでもわからないよ。本当はどうしたかったの？」と静かに尋ねると，Ａ男は，「早くブランコに乗りたかっただけなの……」と答えた。保育者は「そうだったのか，Ａくんは早く乗りたかっただけね。わかったよ。じゃあ，どうすればよかったかな？」と再度Ａ男に尋ねた。Ａ男は「順番に，ルールを守る……」と小さくつぶやいて，列の最後尾に歩いていった。

　Ａ男は保育者が提案したスタンプラリー遊びに，とても興味をもっていた。次々と遊具で遊びを楽しみ，最後のブランコに早く乗りたいという意欲が強くなり，Ａ男は自分勝手な行動を起こしてしまった。

　子どもは順番の概念を園生活で少しずつ育てていく。しかし，４歳児ではまだ遊びたい意欲のほうが，順番の概念よりも強くなることもある。もしも，この場面で保育者がＡ男の行動だけに注目すると，Ａ男は頑なに心を閉ざしてしまうことになるだろう。

　保育者がＡ男の思いをていねいに引き出すことで，Ａ男自身が自分の気持ちを確認できる機会となり，順番を抜かされた子どもの気持ちを理解することができた。保育者の問いかけによって，Ａ男は「早くブランコに乗りたかっただけ」と答えることができた。Ａ男の気持ちを保育者に受容してもらえたことで，冷静な自分に戻ることができた。見失う自己，ふり返る自己，取り戻す自己。その一瞬一瞬のうちにさまざまな自己体験をすることで，Ａ男は自己を成長させている。このような経験を積み重ねることで，Ａ男は早くブランコに乗りたいという気持ちをもっても，他児も同じ気持ちであることに気づき衝動的な行動をとらずに，ルールを守って並ぶことで友だちと楽しく遊ぶことを学んでいく。

3. 相手の気持ちを理解できない子どもへの支援

　保育の場では，一人ひとり違った個性をもつ子どもたちが一緒に集団生活を楽しんでいる。子どもは保育者と出会い，友だちと出会い，いろんな経験を通して人との関わり方のスキルを身につけていく。しかし，なかには「友だちとトラブルを頻繁に起こす」「皆と一緒に行動ができない」「友だちと遊ぼうとしない」といった集団生活を楽しむことが困難な子どもがいる。このような子どもの背景には，発達の遅れや大人との関わりしかない子ども，家庭環境や不適切な大人との関わりなどさまざまな原因が考えられる。保育の場では，かけがえのない大切な一人の子どもとして楽しい生活を過ごし，健やかに育つことが保障されなければならない。そのために保育者は，集団生活の場で「人との関わりが苦手な子ども」をていねいに理解し，一人ひとりのニーズに合わせた適切な対応を行うことが求められる。

●事例：友だちを信頼しないＮ子（4歳児）

　お昼のお弁当の時間，Ｎ子と一緒にお弁当を食べていたＲ子が「先生，Ｎ子ちゃんがまる虫（ダンゴむし）をお弁当のふたに入れている」と保育者に知らせに来た。保育者がようすを見にいくと，他児は困った表情をし，Ｎ子は「だって，まる虫といっしょにお弁当を食べたいの！」と言って，まる虫をさらにお弁当箱に近づける。保育者の表情を見ながら，まる虫を大切そうに眺めたり，触ったりしている。保育者はＮ子に「Ｎちゃん，大切なまる虫は飼育ケースに入れて後で触ろうね」と声をかけた。他児にも「Ｎちゃん，まる虫のお母さんになったのかな，びっくりしたよね」と言うと，Ｎ子は「みんな，大嫌い」と言って，急に怒りはじめ，テーブルに置いてある箸

箱や弁当袋を投げだした。保育者が，黙って箸箱を戻し，「先生も一緒に食べていい？」と聞くと，周囲の子が「いいよ」と答えたので，子どもと同じテーブルで食べることにした。N子はすねた表情で，ときおり友だちを肘でつついていたが，ようやくお弁当を食べ始めた。

図6-9　気持ちを理解できない子ども

　このようなケースで，保育者が他児と同じように「こんなことはしてはいけない」と言うと，N子はよけい荒れてしまうだろう。そこで，保育者は「まる虫に飼育ケースに入れて」とやってほしいことを伝えたうえで，他児にはN子の行為を「まる虫のお母さん」と表現し気持ちを和らげさせた。N子はその言い方さえ気に入らず，さらに「箸箱を投げる」行為を始めた。N子は何かに自分の辛さをぶつけたくて，楽しそうな雰囲気をめちゃくちゃに壊したい気持ちになった。保育者はN子の気持ちを受け止めて，黙って箸箱をもとの場所に戻して，保育者も一緒に食べてよいかと子どもたちに聞いている。保育者は無言ではあるが，「お弁当のふたでまる虫を飼うのはN子ちゃんも嫌でしょう，飼育ケースに入れて飼おうね」「大丈夫。先生もみんなもN子ちゃんと一緒にいるよ，N子のこと好きだよ」とメッセージを伝えるためであった。N子は少しだけ，保育者の思いを受け入れて，暴れる代わりに肘で友だちをつつくという行為に変わってきた。

　その後も何度かN子は同じようなことを繰り返したが，周りの子もN子について「ときどきは荒れたくなることがある」子だと理解し，N子自身もそのような友

だちの支えのなかで，イライラして暴れたい気持ちがあっても少しずつ抑えることができるようになってきた。

　Ｎ子ほどでなくても，子どもにとって今の状況が負担になっていたり内面で葛藤していることを保護者に伝えることは大切である。保育のなかでは，その子の荒れる気持ちを受け入れながら，周囲の子どもにとっても納得のいく方法を探していくことが必要である。

　その子の行動だけに焦点を当てて，その点を解決させようとすれば，その場は解決するかもしれない。しかし，保育者の見ていない場所で，子どもは同じことを繰り返すか，人の顔色をうかがいながら行動するようになる。

　問題が発生したときには，保育者は，原因を考えることが重要である。目前の問題を解決することよりも，その子どもの起こした事態を収拾したり，子どもどうしの対立の仲裁をしたりして，問題状況をいっしょに支え，どのようにすればよいか子どもの気持ち（内面）を受容しながら解決する姿勢が大切である。

第Ⅲ部

子どもと保護者への支援

第 7 章
気になる子どもへの支援

第 1 節　ASD（自閉症スペクトラム）

1．自閉症概念の変遷

　自閉症には言葉の発達の遅れ，対人関係とコミュニケーションの困難さ，特定のもの・場所・行為へのこだわり，といった 3 つの行動特性があるが，その現れ方には個人差がみられる。そのため，自閉症のとらえ方は 1943 年アメリカの精神科医レオ・カナー（Kanner, L.）により初めて報告されて以来，オーストリアの精神科医ハンス・アスペルガーによる言葉に遅れのない症例報告（Asperger, 1944）や，1968 年マイケル・ラターが自閉症は脳障害に起因する言語認知障害であるとした言語認知障害説（Rutter, 1968）などさまざまなとらえ方がなされた。しかし，2000 年頃から自閉的特徴を連続体としてとらえる ASD（autistic spectrum disorder：自閉症スペクトラム障害）の概念がひろまった。そして，2013 年アメリカ精神医学会編纂の診断基準 DSM（Diagnostic and Statistical Manual）が大幅改定され，自閉症，アスペルガー症候群，高機能自閉症，特定不能の広汎性発達障害までを，自閉症の行動特性をもつ連続体として，ASD に名称が統一された。ASD は，常同的な行動や限局された興味を共通特徴とし，対人的相互関係やコミュニケーションに難しさを呈する。

2．ASD の原因について

　ASD の原因は，まだ解明に至っていない。しかし，脳の機能障害（表 7-1）であることまでは判明しており，その原因として複数の遺伝子の異変が関連し，ニュー

表7-1 中枢神経系の働きとASDの症状

部 位	機 能	自閉症スペクトラムの状態像
側頭葉 〈上側頭回・紡錘回〉	顔の判別と表情理解 (感情・意図)	人の顔を見て誰かを判別したり，表情から意図や感情を読み取ることが困難である
前頭前野	実行機能	物事を遂行する際の適切な手順，段取りがわからない
前帯状回	情報の取捨選択	必要情報に注意を向けられない。不必要な情報の遮断ができず，必要情報を取りこぼし，結果混乱する
扁桃体	本能的な情動コントロール	本能的な恐怖，不安，不快のコントロールが困難である

ロンネットワークの不具合が行動特性となっているとみられる。

3. ASDをもつ子どもの基本特性と対応について

　ASDの子どもの基本特性として，①対人関係の維持が困難，②コミュニケーションがとりにくい，③興味・関心の範囲が狭くこだわりがあるため，気持ちを切り替えたり，応用をきかせたりすることが難しい点があげられる。これらの基本特性の背後には，中枢神経系の情報処理に課題がある。非言語的（non-verbal）課題として，相手の表情，声の調子，身振り手振りなどコミュニケーションに関わる動作のわかりにくさがあげられる。また，共同注視の困難さに起因するとみられるコミュニケーションとしての指さしや表情の用い方も特徴的である。たとえば，要求の指さしや「とってちょうだい」という代わりに大人の手首をつかみ，ほしいものの所まで引っ張っていくクレーン現象があげられる。言語的（verbal）問題として，言葉の意味理解（とくに代名詞や暗黙の了承）の独特さと言葉の社会的運用として無

表 7-2　ASD をもつ子どもへの配慮

・子どものもつ独自のルールであっても，一般的なルールと折り合いのつくルールはできるだけ尊重する
・言葉がわからないときは，絵や写真，図で示す
・注意するときは，穏やかに話す。できたときは，ほめる
・問題行動には，許容範囲を決める
・話しかけられたら，静かに聞き，必要に応じて答える

神経な言葉遣いがめだっている。これらの他に感覚刺激に対する過敏さあるいは鈍麻，不器用さなど感覚情報の処理の問題に起因するとみられる，常同行動やパニックの生じやすさが特性としてあげられる。

こうした特性を有するASDの子どもは，常に周囲の世界との違和感や生きづらさを抱えている。子どものストレスを軽くするには，子どもの特性をよく理解し，穏やかに接することが基本になる（表7-2）。つまり，包括的立場から子どもの全体像をとらえ，そのうえで，子どもが日々の生活の反復・繰り返しとして豊かな生活経験を積み，周囲の「ひと」「もの」「こと（状況）」についての理解を深められるよう環境を整えることが大切である。こうした経験を通し，興味・関心をもったものが遊びや趣味となり，子どもにとっての癒しにつながる。さらには，思春期以降の社会との接点として，自身の興味・関心のある「ひと」「もの」「こと（状況）」を介して人との付き合い方を学ぶ機会ともなり得るのである。

4. ASD をもつ子どもの育ちを支えるアプローチ

ASDの症状の現れ方には個人差が大きい。そのため，子ども一人ひとりの全体像をできるだけ忠実に把握し，課題となる言動がどのようなメカニズムで起こるかを的確な方法でとらえることが適切なサポートのベースになる。そこで，一貫性・妥当性のある心理テストを用いて子どもの全体像を包括的にとらえ，各自の特徴として「強みの点」と「弱みの点」を把握し，支援・指導につながる子ども理解が子どもの育ちを保障するうえで不可欠である。そして，子どもが安心して過ごせる生活環境を整え，生活上の困難さを軽減できるよう教育的支援を行うことが大切である。

ASDの教育的支援は，子どもに動機づけを行いながら，不適切な行動を適切な行動に置き換える行動療法が中心になる。代表的なアプローチには，TEACCH（Treatment and Education of Autistic and related Communication handicapped

CHildren：自閉症および関連障害，関連領域にコミュニケーションの障害をもつ子どもの治療と教育）とABA（Applied Behavior Analysis：応用行動分析）がある。また，ASD特有の感覚情報処理の拙さに対しては，感覚統合訓練も併用されることがある。

(1) TEACCHの考え方を用いた環境構成

ASDの子どもは，何をすべきか明確であれば，比較的落ち着いて物事に取り組むことができる。そこで視覚情報を処理しやすい特性に合わせて環境構成に用いられるのが，TEACCHによる構造化である。

表7-3　TEACCHの特徴

- 包括的立場からの子ども理解と支援・指導
- 生活空間の構造化による場面への意味づけ
- 子どもの「弱みの点」を補う環境調整
- 家庭と専門家（医師・心理士・言語聴覚士・保育士・教師）が協力しながらプログラムを進める

ASDの子どもにとってのわかりやすさを第一に考え，環境構成を行う必要がある。そこで，空間，時間，手順・段取りを可視化し（図7-1），場面への意味づけを促すことをねらいとしてTEACCHを用いることがある。

たとえば，「絵本コーナー」「ロッカー」等の表示をすることで保育室の中を区切り，場所ごとに「○○するところ」と用途を定めることにより，場所が意味づけられ，子どもの混乱が少なくなる。さらに，時間についても，1日の流れを可視化し，日々の園生活の反復・繰り返しにより見通しがつくよう支援を行うことも大切である。

図7-1　構造化の方法

また，社会生活における困難さを軽減するために，時間をかけて基本的生活習慣を習得することは ASD の子どもにも必要である。彼らは，基本的生活習慣に関わる一つひとつの動作は行えたとしても，1つのスクリプトとしてするべき内容をとらえ，最後までやり通すことが困難なことが少なくない。そこで日常生活のさまざまな活動をスモールステップに分け，手順・段取りを視覚的に示し自立できるように手順の構造化を行い，基本的生活習慣の自立に向けた支援を行う必要がある。こうした教育的支援を行う際に TEACCH の構造化と併用されるのが ABA に基づく行動療法である。

(2) 課題の到達度が評価できる ABA

　ABA は，観察可能な行動と環境との相互作用に着目し，個人の特性を理解し「強化」を用いて不適切な行動を適切な行動に置き換えていく，あるいはできない行動を身につけられるよう子どもを導く行動療法である（図7-2）。子どもに何をするか伝えた後は，まず大人が見本を示し，手順・段取りをスモールステップに分けて提示する。そして指示に従い，どの段階までできるようになったか，日常生活の反復・繰り返しのなかでその都度子どもの到達度合いを評価する。そして，子どものとった言動が望ましいときは，「強化」としてしっかりほめたり，ご褒美として子どものやりたいことをさせることにより，場面に適した言動がとれたか否かを子どもなりに自覚しながら保育者が適応行動へと導くアプローチである。

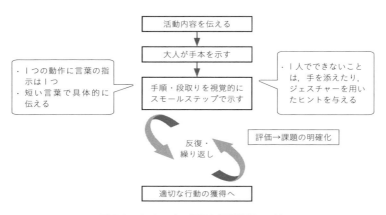

図7-2　ABA による適切な行動獲得への流れ

しかし，こうした教育的支援を受け，一見社会との摩擦が減ったようにみえる子どもでも突然激しく怒りだしたり，泣きだしたりすることがある。いわゆるパニックである。周囲は子どものパニックの原因がわからず，当惑することが少なくない。しかし，一番困っているのはパニックに陥っている子どもであり，パニックが生じるには理由があることを念頭に置く必要がある。

(3) パニックへの対応

ASDをもつ子どもは，いきなり大声をあげたり，怒りだしたりと感情が急激に爆発することがある。その爆発の仕方が激しいうえに原因がわからないことも多いので，癇癪もちとみなされがちである。しかし，子どもが混乱しパニックになるには，必ず原因がある。その原因の多くは，変化にともなう強い不安や緊張，あるいは興奮といったストレスだと仮定されている。そしてパニックが強くなると，自分の手や腕を噛むなどの自傷行為にいたることもある。

そのため，パニックを未然に防ぐには保育者は，ASDをもつ子どもにとって強いストレスを生じさせる状態をつくらないよう子どもの特性をよく把握し，その子に応じた生活環境を整えることが大切である。

また，パニックが生じた場合は，無理に鎮めようとせず，子どものケガにつながる周囲のものを排除し，気持ちがある程度発散できるまで見守ることが必要である。そして，子どものパニックが落ち着いてきたら，気持ちを切り替えられるように子どもの気に入っている物をそばに置き，パニックが完全におさまるまで待つ。そこでパニックを起こしている場所から子どものお気に入りの場所に移動したり，穏やかな口調で話しかけたりするようにする。

子どもには，ASD独特の感じ方があることをよく理解し，子どもの心の痛みに寄り添いながら，子どもが安心して園生活を過ごせるような配慮や対応が保育者には求められる。

第2節 ADHD（注意欠如（欠陥）／多動性障害）

1. ADHDの定義，疫学特徴と原因

ADHD（attention-deficit hyperactivity-disorder：注意欠如（欠陥）／多動性障害）は，「年齢あるいは発達に不釣り合いな注意力，及び／又は衝動性，多動性を特徴とする行動の障害で，社会的な活動や学業の機能に支障をきたすものである。また，7歳以前に現れ，その状態が継続し，中枢神経系に何らかの要因による機能不全があると推定される」（文部科学省，2003）としている。

ADHDは，子どもの保育所や幼稚園といった集団への参加にともない顕在化する。子どもの3〜5％にみられ，男女比は6：1で男児に多い傾向にある。

ADHDには不注意・多動性・衝動性の現れ方の違いから表7-4に示すように3つのタイプがみられる。また，ADHDは他の発達障害と合併しやすい点も特徴的である。合併しやすい発達障害や疾患には，LD，ASD，知的障害，チック症，トゥレット症候群などがあげられる。典型的なADHDと比べ，合併症としてADHDをもつ場合は，ベースになる発達障害の特性にADHDとしての特性が加わるため，日常生活での困難も多岐にわたる点に保育者は留意する必要がある。

ADHDの原因は，まだ特定されていない。しかし，実行機能に関わる前頭葉の血流量の低下やスムースな体の動きなど行動の調節に関わる尾状核が小さい傾向にあるなど，中枢神経系のいくつかの部位が関わっていると考えられている。さらに，脳内の情報伝達に関わるドーパミンやノルアドレナリンといった神経伝達物質の不

表7-4 ADHDの3タイプ

タイプ	特　徴
不注意優位タイプ	・女児に多い ・忘れ物が多く，物事に集中できない
多動性・衝動性優位タイプ	・男児に多い ・じっとしていられない ・衝動性が抑えられず，思いついたことを口にする ・些細なことで手が出る
混合タイプ	・注意力散漫で忘れ物，なくし物が多い ・じっとしていられず，動き回る ・衝動が抑えられず，自分の番ではないのに反応する

具合が，行動特徴として現れるともみられている。また，その発症要因として家族性があることが知られているが，育て方やしつけは ADHD の原因ではないとみられている。しかし，周囲の大人の ADHD をもつ子どもへの向き合い方によっては，症状を悪化させる要因にもなりうる。この点，周囲から理解されず，適切なサポートが受けられなかった ADHD の子どもは劣等感をもったり，自尊感情の低下がみられたり，抑うつ傾向を示したり，反社会的行動をとったりと二次的障害が危惧される。そこで，ADHD の子どもに対する周囲の大人の適切な対応は，子どもの健やかな育ちを保障するうえでの重要なポイントといえよう。

2. ADHD の発達的変化

　ADHD は，子どもの社会生活の拡がりにより，症状の現れ方が変化する。

　乳児の場合は，感覚刺激に対する反応とみられる泣きが多い。そして独歩が安定し始めた 2 歳前後になると，落ち着きがなく，名前を読んでも立ちどまらないといった多動がめだつようになる。さらに，就園・入所を迎え同年代の子どもとの集団生活が始まると，集団のなかで子どもの多動・衝動性が目につくようになる。しかし，子ども自身が自己主張だけでなく自己抑制のでき始める 3 歳後半から 4 歳頃になると，改善がみられることもある。このことから，子どもなりに自己抑制ができることは，自律的な自己コントロールに向けた第 1 歩であり，発達における 1 つの節目といえよう。

　その一方で ADHD の特性としての多動性・衝動性がいっそう顕在化することもある。保育者の話を聞かず走り回る子，友だちとのトラブルの絶えない子といった

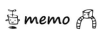

表7-5 ADHDの発達的変化

乳児期	・コリック，夜泣きが多い，疳が強い	児童期	・不注意の顕在化 ・授業中着席していられない ・忘れ物が多い ・教師の指示が伝わりにくい ・課題などが最後までやり遂げられない
幼児期	・衝動性・多動性がめだつ ・落ち着きのなさがめだつ（動き，しゃべり） ・親・保育者の言うことを聞かず，走り回る ・友だちとのケンカの増加 ・事故やケガの増加		

姿がみられ，ケガをしたり，事故にあったりする危険性が高まるのが幼児期である。この点を保育者は十分に考慮し，子どもの行動を気にかけ，目を向けることが望まれる。

　就学を迎え児童期に入り，幼児期に比べ自己管理能力が求められる学校生活では子どもの不注意が顕在化する。授業中着席することが難しい子，先生の指示に従えない子，おしゃべりがやめられない子など，子どものADHDとしての特性がクラスメートのなかでめだちはじめる。しかし，適切な対応を受け，子どもなりに理解してできることが増えると多動は徐々にめだたなくなる傾向にある。また，思春期特有の不安定さと葛藤によって，うつ傾向や反社会的行動といった二次的障害を生じさせる点が危惧される。こうした二次的障害を予防し，社会に溶け込めるよう，子どもの特性をよく理解したうえで教育的支援を行う必要がある。

3. ADHDの子どもへのアプローチと配慮

　ADHDの症状改善は，①症状を抑える薬を用いる薬物療法，②不適応行動を減らし向社会的行動を増やすためのトレーニングとしての行動療法と③集中しやすい環境を整える環境設定の3点を中心にアプローチがなされる。

(1) ADHDの薬物療法について

　薬物療法によく用いられる薬は，コンサータやストラテラである。これらの薬は多動性や衝動性を抑え，日常生活での困り感を軽減・解消する効果があるとされている。しかし，薬を服用するだけで，不適応行動が適応行動に置き換わるのではない。個人の特性をふまえた教育的支援の結果，子ども自身が学習することにより衝動にブレーキがかかりだすといったように少しずつ自己コントロールが身について

くる。そして，10歳前後になると子どもも服用前後の違いを自覚するようになり，薬が効いている間に子ども自身が自分の行動特性を自覚し，学習により発達レベルに応じた社会性を体得する結果，落ち着いた生活が送れるようになる。このような変化は，子どもに自信をもたせ，二次的障害の予防にもつながるといえよう。

(2) ADHD をもつ子どもへの基本的対応と指導について

　子どもへの対応や指導は，子どもにとって因果関係がわかりやすい行動療法を用いて，不適切な行動を適切な行動へと導くことが基本になる。この際，子どもにわかる指示の出し方（表7-6），ほめ方と叱り方（表7-7）をすることが大切である。とくに，適切にほめることは子どもの意識を変え，心の安定や意欲の向上，ひいては自尊心の高まりにつながる。そして，行動療法と併用すると効果的である。

　ADHD の特性として，不注意や気の散りやすさがある点をふまえ，子どもの生活環境から不要な刺激を減らし課題に集中しやすい環境を整えるといった生活空間の工夫が必要である。さらに，規則正しい生活も子どもの情緒の安定と注意機能の改善に効果的である。こうした理由で，家庭と協力し，起床と就寝の時間，食事の時間が毎日一定になるよう生活リズムをつくることも大切であるといえる。

表7-6　指示の出し方

- 指示を出す人に子どもの注意が向くよう目線を合わせる，肩をたたく，手を握るといったサインを出す
- 指示は1度に1つ出す
- 短い言葉で明確かつ直接的表現をする
- 言語指示だけでなく，具体物，絵・写真など視覚的情報を同時に出す
- 指示が理解できていることを確認する
- 指示を守れたときは具体的にほめる

表7-7　ほめ方としかり方のポイント

- その場ですぐにほめたりしかったりする
- 目線を合わせ，大人は喜びをストレートに表現する
- できた事実をほめ，ケチをつけない
- 子ども自身が達成感を味わい自信がもてるようにする
- 言動に対してほめたりしかったりする。人と比べたり，性格・人格の評価はしない
- 不適切な行動には無視で対応する
- 不適切な言動が適切な言動に置換されたらすぐにほめる
- 体罰や厳しい叱責はしない

第3節　LD（学習障害）

1. LDの定義，疫学特徴

　知的レベル，少なくともIQ的にはほぼ標準的であり，知的な遅れをともなわないLD（learning disabilities：学習障害）をもつ子どもは，通常学級のなかでその子どもに応じた支援や指導を必要とする。LDの本質的問題は，脳機能不全のため，動作・操作・スキルおよび経験や知識を獲得，習得する学習過程に部分的な問題を呈することが特異的である（表7-8）。

表7-8　学習障害（LD）の定義（文部省，1999）

> 　学習障害とは，基本的には全般的な知的発達に遅れはないが，聞く，話す，読む，書く，計算する又は推論する能力のうち特定のものの習得と使用に著しい困難を示す様々な状態を指すものである。
> 　学習障害は，その原因として，中枢神経系に何らかの機能障害があると推定されるが，視覚障害，聴覚障害，知的障害，情緒障害などの障害や，環境的な要因が直接の原因となるものではない。

　LDは，ASDやADHDとともに，2007年4月から始まった特別支援教育の対象として注目されてきた。これら3つの発達障害のうち，LDは一義的問題として学習過程での部分的なつまずきをみせる点が前景に立つ。これに対し，他の2つ，ASDとADHDは，それぞれ特有の中核症状をみせ，二次的問題としてLDを呈する。アメリカでLDの概念を樹立したマイクルバストらも，LDと他の障害により起こるLDとを区別しており（Johnson & Myklebust, 1967），この点を的確に押さえ，特別支援教育は施行される必要がある。

　LDの原因は中枢神経系に微細なトラブルがあるとみられているが，ASDやADHDと同様にその発症メカニズムは解明されていない。また，発症頻度は，文部科学省（2012）が全国公立小・中学生について教員に行ったアンケート結果から，LDは推定42万人とみられ，男女比は4：1で男児に多い傾向がみられた。

　LDと合併しやすい疾患には，てんかんやチック症やトゥレット症候群などの神

経性疾患がある。この場合は、病気の治療が優先される。また、LD 単体の場合と比べ、ASD や ADHD の症状をもつ子どもに LD の基本特性がみられる場合は、ベースになる発達障害の特性を中核に、二次的な問題として LD 状態であることがあるため、日常生活での困難も複雑で多岐にわたる点に保育者は留意する必要がある。

2. 中枢神経系の働きと LD の基本特性

中核神経系は、脳・脊髄の総称であり、自身の体の情報や外界からの情報を脳に伝えたり、反対に脳から体の隅々に伝える末梢神経系とともに神経系とよばれる。

中枢神経系は、ニューロンネットワークとして情報処理機構の役割を果たしている（図 7-3）。したがって、情報処理過程に損傷が生じた場合、その部位や損傷程度に応じた症状が生じるのである。脳は、部位により担う機能が異なる（図 7-4）。

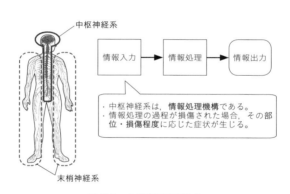

図 7-3　中枢神経系の働き

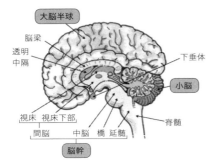

大脳：精神活動の中心
小脳：姿勢・運動
脳幹：生存のための基礎反射，意識の維持
脳髄：情報伝達

図 7-4　脳の構造

　とくに，大脳は左右の大脳半球ならびに各大脳半球の 4 領域（前頭葉，頭頂葉，側頭葉，後頭葉）は，部位によって担う機能が異なる（機能局在）（表 7-9）。そのため，中枢神経系の不具合の部位と程度に応じた LD としての基本特性がみられるのである（図 7-5）。

　こうした理由から，同じ LD と診断を受けてもその状態像は，IQ にはほとんど問題はないにもかかわらず，漢字が形にまとまらない子，日常生活では困らないが音読だけがうまくいかない子，計算の桁がわからない子，とくにめだつ問題はなさそうだが，相手の気持ちや雰囲気がつかめず，無神経で言動が荒い子，もともとおとなしく寡黙で過敏ではあるが思わぬことで緘黙状態に陥りやすい子，知的遅れはなく情緒面にも問題は少ないが生命力，とくに発達を推進するエネルギーの乏しい非力，無力な子どもなど多岐にわたる。しかし，どの子も具体的で現実的な子どもたちである。こうした子どもが自主的に外界と関わる力を支援するには，包括的な立場から子どもの全体像をとらえることが不可欠である。

表 7-9　大脳の機能の機能局在

左脳：言語情報の処理	脳梁	右脳：視覚情報の処理
前頭葉	実行機能	前頭葉
頭頂葉	運動，体性感覚	頭頂葉
側頭葉	言葉の表出と理解（聴覚）	側頭葉
後頭葉	視覚	後頭葉

第3節　LD（学習障害）

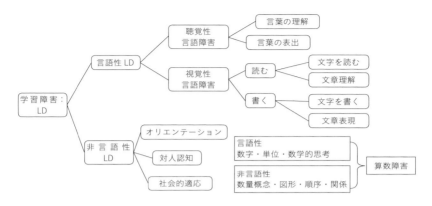

図 7-5　LD の臨床症状（森永，2005）

3. 包括的な立場からの LD の見方とアプローチの考え方

　LD への対応は，教育領域が主体となり行われるべきである（上野，2002，2005；牟田，2005；森永，2005；隠岐，2008）。その際，最も配慮すべき点は，子どもの全体像，とりわけ LD 状態をできるだけ正確に把握することである。

　LD 臨床では，①子どもの具体的言動の特徴群をしっかり把握すること（行動特徴：症状群），②それらがどういうメカニズムで起こるのかを理に適った方法でとらえること（発生メカニズム：発症病理），③こうした問題のどの点を，どう評価したらよいか（判断，評定の方法）を探ること，そのうえで，④どのような支援や指導につなげるとよいか（セラピー，指導法）の 4 つの視点から LD 症状をみせる子どもの全体像を包括的に把握することが不可欠である。そうすると，LD の神経

心理学的機構を包括的にとらえることが可能になる。この点を重視し，子ども個人の特性としての「強みの点」「弱みの点」を中心にLDとしての特性や特徴を的確におさえ，臨床的によく理解することが適切な支援・指導の第一歩になるといえよう。そのうえで子どもの「強みの点」を教育的支援の入り口とし，「強みの点」だけでなく，「弱みの点」にも専門機関や保護者と連携を図りアプローチする必要がある。

子どものもつ「弱みの点」は，「強みの点」と異なり，自然に改善されにくい。しかも，その多くは安定した社会生活を過ごすうえで支障になりやすい。そこで，将来，自立・自律して主体的に自分の人生を歩めるよう，「自然に身につかなくとも，生きるために必要なことは教える」「周囲に受け入れられない子どもの言動は，お互いが許容できる範囲に変容するよう働きかける」ことを主眼に「弱みの点」にアプローチすることも保育者には求められる。

4. 学習とLD

LDは，本格的な教科学習が始まる就学後に明らかになってくる。しかし，LDは単に教科学習の困難さをさすのではない。

発達的にみると，学習は出生と同時に始まる。日常生活の反復・繰り返しのなかで，保護者や保育者との相互関係において，視線，表情，身振り，手振り，声の調子といった非言語サインを感知できることが，「ひと」「もの」「こと」に対するイメージや概念としてのシェマ体系となり，言語の意味理解の基盤になる（図7-6，図7-7）。

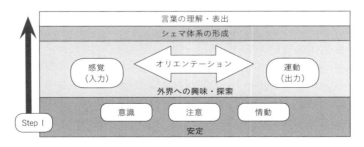

図7-6　乳幼児の認知発達過程

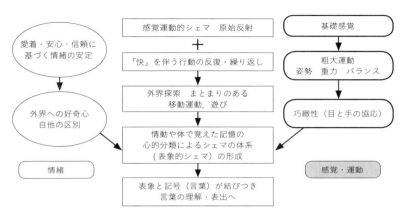

図 7-7　言葉の獲得過程

　そして，言葉を聞いて理解し，それに応じた行動ができる，話す，さらには文字を読んで書くというように中枢神経系の成熟とともに子どもの発達は進む。

　このとき，乳幼児の学びを支えているのが，手続き記憶である。手続き記憶は，"knowing how" といわれるように，ある動作や操作をどのような手順や手続きで行うかという体で覚えた反射を利用したものも記憶である。日常生活で必要な動作が反復・繰り返されることにより，感覚系と運動系間の情報伝達が強化され，動作での無駄は減り，合目的で整合性のあるまとまった動きが，動作や操作として具体化される。獲得するまでに時間がかかるが，いつの間にか自然と身についた生活の知恵でもあり，この点，習得に努力を必要とする知的学習とは質的に異なる（服部ら，2007）。また，いったん形成されると，その構造は壊れにくく，人間行動の根

幹に存在する。

さらに，手続き記憶は運動スキルだけでなく，認知的働きとしての知覚スキル，知能に関わる認知スキル，社会スキルなどの高次行動として人の意思決定を支えている。

このように学習を考えると，LDへの支援は，意味記憶（知識）に支えられている教科学習上の対応だけとはいえない。幼児期の生活習慣，運動，遊びにみる社会スキルとしての手続き記憶に基づく教育的援助が必要といえよう。この点，保育者の果たす役割は大きい。

5. 保育者に求められる LD が疑われる子どもへの関わり

乳幼児期にLDが疑われるサインとしては，言葉の遅れが目につくことが多い。しかし，その背後には非言語性能力のつたなさとして，人が自分の周囲を認識する能力「オリエンテーション」とその反応行動としての運動能力の「不器用さ」がみられる。そして，5歳前後になると，まわりの状況を自分なりに何とか受けとめ，今どうなっているのかを感知し（社会的認知），適合していく（社会的適応）社会的な身のこなし方である社会的行動での課題が顕在化する子どももいる。

こうした子どもたちも，健康で，自分が周囲から受け入れられ，理解されていると思えるときに気持ちは安定する。つまり，保育者との関わりから生まれる信頼関係に基づく安心感こそが子どもが自ら育とうとする力を推進する原動力である。そして，少し自信をもち，新しいことに挑戦しようとする意欲が育ち，子どもの生きる現実のなかで「ひと」「もの」「こと（状況）」という環境との相互作用を通して発達は総合的に進む。この点をふまえ，保育者は，日々の保育を通して子どもの姿を包括的な立場から把握し，その成長・発達を見通し，子どもに応じたさまざまな環境構成を行い，育ちを保障することが求められる。

Column 6

インクルーシブ保育の効用

　生まれながらに社会的存在である人は，母子の絆に護られ「ヒト」から「ひと」への道を歩みだします。そして，保育所，幼稚園，認定こども園への入所・入園を機に，子どもの世界はいっそう広がり，そのグループダイナミックスにもまれながら「ひと」から主体的に行動し現実適応する「人」に向けての自我，すなわち人格の根幹が形成されます。この時期にインクルーシブ保育のなかで多種多様な経験をすることは障害の有無にかかわらず，子どもに大きな影響を与えます。

　インクルーシブ保育は，デンマークのバンク＝ミケルセン（Bank-Mikkelsen, N. E.）が提唱したノーマライゼイションの思想の広まりとともに進められてきました。子どもを障害の有無でとらえるのではなく，それぞれの子にとっての最善の利益を念頭に，子どもの姿を包括的にとらえ，おのおのの個性や特性に配慮しながらに必要な支援をすることで発達を保障する保育です。

　インクルーシブ保育を行う際は，障害の有無や，社会的マイノリティー，子どもの抱える特別な事情，といったことにかかわらず，保育のなかではどの子も気にかけておく必要があります。こうした保育者の姿勢により，自分が周囲から受け入れられ，理解されていると子どもが実感できるようになります。そして，一人ひとりがその子らしさを発揮し，クラスの仲間や保育者とお互いに関わりあいながら育てる穏やかで温かい雰囲気のある保育は，だれにとってもよい環境であるといえます。

　また，ほとんどの子どもにとって保育所，幼稚園，認定こども園といった場は，初めて保護者から離れ同年代の子どもたちと集団生活を経験する場です。

　インクルーシブ保育のなかで，一人ひとりに違いがあることに気づき，「そういう人もいる」「そういうときもある」「そういうこともある」というようにものの見方，感じ方に幅ができることも，どの子にとっても大きな意味があるといえます。

第8章
親への支援

第1節　育児不安

1. 育児不安とは

　育児不安・子育て不安という言葉は，1990年代後半頃より，ちょっとした子育てに関する気がかりから，虐待に至ってしまうような育児ノイローゼまでをさし，質や程度に大きな差がありながら，曖昧なまま広く使用されてきた（高橋，1998）。大日向（2002）は，育児不安を「子どもの成長発達の状態に悩みをもったり，自分自身の子育てについて迷いを感じたりして，結果的に子育てに適切に関われないほどに強い不安が生じること」と定義している。この育児不安は，以下に記す産褥期の精神疾患の一症状でもある。マタニティーブルーズ，産後うつ病，産後精神病が関係している。表8-1に症状や対応などをまとめている。

表8-1　産褥期の精神疾患（瀬地山，2009；吉田，2000に加筆）

	マタニティブルーズ	産後うつ病	産後精神病
発症時期	出産後3日頃～2週間ほど	出産後4～6週間後頃発症し，2週間以上続く	出産直後から2週間以内
症状	涙もろさと抑うつ症状が主症状 不安，緊張感，集中困難，困惑，疲労感，食欲不振	抑うつ，興味や喜びの感情の減退が主症状 食欲低下・増加，不眠・睡眠過多，焦燥感，死について考える	幻覚・妄想，抑うつ，躁状態，興奮，せん妄，混乱状態
対応	自然に軽快	訴えの受容，家事育児負担軽減，多職種による支援，精神科受診	精神科受診，多職種による支援
発生率	日本：30% 欧米：50-70%	日本：10-20% 欧米：10-20%	0.1-0.2%

重度の育児不安は子どもの情緒発達に重要な親子相互作用の展開を不十分なものにしたり，時には子どもへの虐待といった状況を招いたりし，その結果，子どもの心身発達に影響を及ぼすため，早期の発見と対応が必要である。内閣府（2008）によると「子育ては楽しいと感じることの方が多い」は53.9%，一方で，「子育ては辛いと感じることの方が多い」は35.5%にもなっている。

2．子育て環境の変化

現代の日本は，子育てに関する情報が溢れている。書籍のみならず，インターネット上で子育て中の養育者達が，FacebookやSNS，LINEなどの情報通信技術（ICT）を使って交流することもでき，いまや，ICTを子育て支援にいかに活用するかは，総務省なども関与する重要な課題である。

一方，女性が一生のうちに産む子どもの数である合計特殊出生率は，減少傾向が

図 8-1　公園デビュー

顕著で，2014年は1.42人である（厚生労働省，2015a）。1990年代半ばから「公園デビュー」という言葉がマスコミなどで取り上げられるようになった。単に近所の公園に初めて我が子を連れて行くことを「デビュー」と表すのには，期待や希望とともに，不安や緊張がうかがえる。育児雑誌の読者投稿欄に母親たちが切々と子育ての辛さを訴え，「読んでくれて，ありがとう」と結んでいる言葉が，そのまま書籍名となって出版されている（プチタンファン編集部，1996, 2001）。

　少子化と育児不安の蔓延，児童虐待の増加の背景には，以下にあげる子育て環境の変化が認められる。

① **都市化による労働形態・家族構造の変化や地域ネットワークの弱体化**：戦後の高度経済成長期，産業構造の変化にともなって，労働形態・家族構造が変化した。複合家族や拡大家族といった多世代同居から核家族へと移行したのである。これによって，親族や地域から切り離され，母親1人に子育て役割が集中している。小泉（2007）によると，江戸時代の子育てでは，1人の子どもに多勢の仮親がいた。現在でも知られる「名付け親」や「乳母（乳付け親・乳親）」など以外に，生まれた赤子を抱いて戸外へ出た際に初めて出会う人までをも「行き会い親」としたり，子どもが4, 5歳になるまでめんどうをみる「守親」という子どもさえいたりと，子どもが成長する節目ふしめで仮親，擬制親族の存在が記されており，現代の母子のようすとは対照的である。
② **情報過多**：ICT化と，①の状況が重なり，情報に翻弄される養育者の存在も認められる。
③ **晩婚化による晩産化，非婚化による生涯未婚率の増加**：2014年，女性の初産平均年齢が30.6歳となった（厚生労働省，2015a）。これは，母子にさまざまなリスクが高まるだけでなく，時に子育てと老親の介護が同時進行するなど，大きなライフ・イベントが重複する事態を招き得るため，さらに育児不安の高まりの要因となる。
④ **女性の高学歴化と社会進出**：内閣府（2012）によると，1952年の男子の大学進学率は13.3％，女子は2.2％であったが，2011年度には男子56.0％，女子45.8％となった。加えて，短期大学へ進学している10.4％をあわせた女子の高等教育機関への進学率は56.2％となり，高学歴化傾向は顕著である。日本では，高学歴の女性ほど，晩婚化の傾向が認められる（内閣府，2013）。

⑤長期間に及ぶ経済不安による雇用問題と，子育てと仕事との両立の負担感：子育ての辛さに関する調査（内閣府，2008）では，「子どもの将来の教育にお金がかかること」をあげた者が45.8％と最も高く，次いで，「子どもが小さいときの子育てにお金がかかること」が25.5％と，経済的な理由をあげる割合が高かった。それでもなお，日本の女性の年齢別労働力率は，20代後半から30代前半が結婚・子育てのために低くなる「M字カーブ」を示している（内閣府，2012）。ここには，大日向（1988，1999）の指摘する，母性（愛）神話と，3歳児神話が影響している。女性であればだれでも母性が生得的に備わっていると信じて疑わない母性神話（母性愛神話）と，3歳までは母の手で育てなければならないという神話である。大日向は，母性は生まれつきのものではなく育つものであり，子育てのあり方にはさまざまな工夫の余地があるとしている。

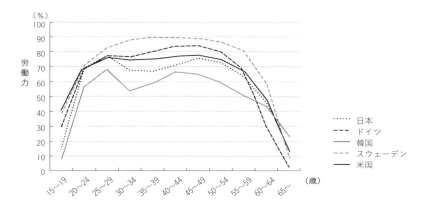

図8-2　女性の年代別労働力率の国際比較（内閣府，2012より作成）

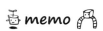

育児不安は，高学歴で社会進出が著しいにもかかわらず，子どもを産むと仕事を辞めて「ただの母親」になってしまうことによる，アイデンティティの拡散の問題だとの指摘もされてきた。また，専業主婦ほど，有職の主婦より育児ストレスが高いことも知られている（経済企画庁，1997）。

この現代女性の困難とアイデンティティの拡散の問題については，思春期・青年期から既に問題が認められている。管（1998）は，女性に求められる役割は，伝統的な「女を磨く」ことや「家事・出産・育児」に加えて，社会で活躍できることをも求められるようになったとしている。女性性を発達させることと同時に，男性性をも発達させるという，至難の業をなすことを求められる現代女性の役割は，変化したのではなく増大している。

また，少子化の影響によって，少女から母親になる過程で子どもとの関わり体験が少ないことが，自分の子どもと関わる際のイライラ感を増長しているとする原田（2006）の指摘を考えれば，現代の母親にとって母性愛神話や3歳児神話は，より深刻な影響をもたらすと推察される。

3. 育児不安を抱える養育者へのアプローチ

子育ての難しさと少子化や育児不安の問題は，現代の幾重にも重なる社会状況と関係しており，その対応は一筋縄ではいかない。少なくとも，親子に関わる各専門職が，子育てが難しい現状や産褥期の精神疾患についてよく理解し，多職種の協働による多面的アプローチのなかで，自らの専門性をどのように活かしうるのか，深く思考しながら活動していく必要がある。たとえば，保育者は親子に毎日出会うことができ，早期発見・対応が可能である。このとき，養育者をあたたかくねぎらい，いつでも助けを求めてほしいと伝えるだけでも一助となるが，状態・疾患によって必要な対応が異なるため，育児不安の深刻度を見極める必要がある。これについては，臨床心理士などとの協働が望まれる。また，個々の問題への対症療法的な関わりのみならず当事者と協働しながら，根本的な解決に向けた働きが求められる。

4. 育児不安に対応する援助者の事前トレーニング

　子ども・子育て支援においては，時に相矛盾する親子の心情に共感することが必要となる。育児不安に限らず人の不安を共感的に受容しようとするとき，受け手のほうの不安も活性化する。これを臨床心理学分野では，転移現象（転移・逆転移）という。心理療法など限られた空間や時間設定のなかでは比較的気づきやすいものの，共感的理解と客観的な観察という矛盾する姿勢を同時に必要とする難しさから二律背反性などと表現される。これは無意識下で生起するものであるため個々人の心的外傷のみならず，人々に深く根づいている母性愛神話なども影響を及ぼし，思わず攻撃的なメッセージが養育者に対して発せられたりする危険性がある。知的な理解が吹き飛んでしまうほど，心がかき乱されるのである。これは，虐待など状況が厳しいほど顕著であるが，援助者がこのことに無自覚であると，養育者との関係が切れてしまいがちである。

　そこで，援助者は，事前のトレーニングの一つとして，上記した母親の手記や関連記事などを以下のような段階を踏んで読んでほしい。①まずは専門家としての知識を忘れ，生身の人間として読む。②子どもの立場になって読む。この２つの段階で自らのなかにどのような感情が生起してくるのかをしっかりと味わって言葉にしてみてほしい。その次に，③養育者の立場に立って読み直す。改めて，④親子支援のあり方を考えることを勧める。

付記：本稿は，瀬々倉（2014）の博士論文の一部に加筆修正したものである。

第2節　虐待（症状，原因，対応）

　現代社会では，男女がともに働き家計を支えることが多く，家事・育児に加えて仕事も抱えることの多い母親の負担は増加している。その一方で核家族化が進み，多くの家庭が祖父母などの親族とは離れて親と子どもだけで暮らしている。保育所や幼稚園への送迎など，育児の面でも祖父母や親族のサポートを期待することは難しい。そのうえ，保育所や託児所は満杯状態で，入所を待つ「待機児童」が多く，子どもを預けられる場所もなかなか見つからない。このような環境で，育児の困難さは増すばかりであり，同時に虐待の認知件数も増加の一途を辿っている。

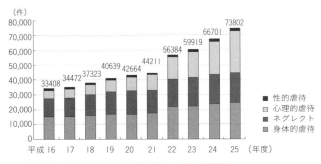

図 8-3　児童相談所での対応件数，虐待の種類別
出典：厚生労働省「社会福祉行政業務報告」平成 16〜25 年度より

1. 虐待とは

　虐待は4つに分類することができる。殴る蹴るなどの暴力を加えること（身体的虐待）や，「お前なんか産まなければよかった」といった暴言を吐いたり，責めたてて心理的に追い詰めること（心理的虐待），性的な対象として扱うこと（性的虐待），風呂に入れない，食事を与えないなど，必要な世話をしないこと（育児放棄＝ネグレクト）などがとくに問題視されている。

　4種類の虐待のなかで最も多いのが身体的虐待であり，次いで多いのが育児放棄（ネグレクト）である。これらは実際に体に傷やアザが残ったり，衣服が汚れていたり極端に痩せていたりするために他人の目につきやすく発見されやすい傾向がある。そのため身体的虐待や育児放棄の認知件数が増える傾向があるが，心理的な虐待や

```
虐待 ─┬─ ①身体的虐待
       │    直接的に，殴る・蹴るなどの身体的暴力を加える。または，道具や薬物を使って間接的に身体的な外傷を負わせること。
       ├─ ②心理的虐待
       │    暴言を吐いたり，言葉で脅したりして心理的に支配すること。または無視や拒絶，きょうだい間で差別したり，子どもの前で家族に暴力をふるうこと（ドメスティック・バイオレンス：DV）などにより，子どもの心に深刻な傷を残すこと。
       ├─ ③性的虐待
       │    子どもへの性的行為や，性的行為を見せること，性器に故意に触る，または触らせること，ポルノグラフィの被写体にする等，性的に利用すること。
       └─ ④ネグレクト（育児放棄）
            食事を与えない，ひどく不潔にする，家に閉じ込める，自動車の中に放置する，重い病気になっても病院に連れていかないなど，必要な世話をしないこと。
```

図 8-4　虐待の分類

性的な虐待は，他者の目につきにくく発見されにくいため被害が長期化，深刻化しやすい。児童相談所への虐待の相談件数は増加し続けているが，これは発見された虐待の件数であり，まだ発見されていない虐待のケースも含めると，実際には数倍の虐待件数があるのではないかと考えられる。

性的虐待 1,582 件
心理的虐待 28,348 件
身体的虐待 24,245 件
ネグレクト 19,627 件

図 8-5　児童相談所での対応件数，虐待の種類別割合
出典：厚生労働省「社会福祉行政業務報告」平成 25 年度より

2．虐待の症状

虐待的な環境で育った子どもは，身体的または精神的に健康な発達を阻害されることが多い。実際，極

度のストレスにさらされて脳の一部が萎縮したり機能が阻害されることもあり，認知能力の低下や学力の低下につながることもある。また，親との健全な愛着関係（信頼関係）が築けずに，友人関係がうまくつくれなかったり人間不信に陥ることもある。自分自身に対しても肯定的なイメージを描けず，自己否定感が強くなり，それが思春期に自傷傾向や自殺願望となって表れるおそれもある。多くの場合，虐待を行う親は「お前が○○した罰だ」とか「お前が悪いからだ」と，子どもを責めたてることで虐待の理由を正当化して，虐待される子どもに強い罪悪感を植えつける。結果的に子どもは親を非難するのではなく，「自分が悪いんだ」と自分を責めるようになる。親から愛されているという実感がないうえ，自分に対する嫌悪感を強く感じることが多いため，自尊心が低くなりがちで自分に対して価値を感じられず自信をもてないことが多い。思春期になると，そういった傾向がリストカットなどの自傷傾向や自殺願望となって表れてくるケースも多い。

　その一方で，他者否定も強くなることがあり，教師などに反抗したり，他人を傷つけたり，非行に走り犯罪に至る危険性もある。根本には親から十分に愛されていない不満感を感じており，一見満たされているようにみえる他者には強い妬みや攻撃性を示すことがある。また，自分に価値を感じられないため同じように他人に対しても大した価値はないと思い込み他者を軽視する傾向も強くなる。このような強い不満と怒り，そして他者への軽視が絡み合って強い攻撃性に発展することもある。

　また，虐待を受けた経験がトラウマ（心的外傷）となりPTSD（心的外傷後ストレス障害）を発症したり，うつ病などの精神疾患を病むことになることもある。PTSDとは，突然の出来事や，天災，事故，犯罪，虐待などによって命の安全が脅かされたり，強い精神的ショックを受けることが原因となって心身に支障をきたし，社会生活に影響を及ぼすようなストレス障害を引き起こす精神的な後遺症または疾患のことであり，3つの特徴的な症状がある。①追体験（フラッシュバック）：悪夢や幻覚，幻聴などにより，トラウマとなった出来事を繰り返し再体験すること。②回避：トラウマに関係する場面や場所を避けるようになり，やる気や希望がもてなくなる，極度のうつ状態になるなど。③過覚醒：眠れなくなり常にイライラして集中力が続かなくなるなど，常に不安で何事も手につかなくなる状態などがある。

　PTSDは社会生活を送るうえで大きな障害となる。また，それを乗り越えようとする過程で，虐待の辛い体験を完全に切り離し意識の奥に消し去ろうとする心理が強まり，普段の本人の意識とは別の意識がつくりだされることがある。このような

症状は解離性同一性障害とよばれ，普段の本人の人格とは違う複数の人格（多重人格）が表れることがあり，とくに性的な虐待の体験をもつ場合に多いといわれている。

さらに虐待を受けた子どもたちが大人になり，子どもをもつようになったとき，自分の幼児期の虐待体験が瞬間的に思い出されて（フラッシュバックにより）パニックに陥ったり，強い戸惑いや憤りを感じて次の世代の子育てにまで悪影響を残すことも考えられる。実際に虐待の経験をもったまま成長し，子どもができて親になったときに，かつて自分を苦しめた親と同じように虐待を繰り返すことがあるが，これは精神分析の専門家の間で「同一化」（または「同一視」）とよばれており，背景には「弱さを克服し，（自分を虐待した）親のように強い人間になりたい」という心理が働いていると考えられる。弱い自分を嫌悪し，強い人間と同じようにふるまうことで自分の弱さを完全に克服できたかのように感じることもある。「同一化」は無意識のうちに働く人間の自己防衛機能の1つであり，自分にとって重要な他者（ここでは親）の行動パターンを真似て，感情移入し，その人物になりきることで，その社会または文化に適応しようという心理メカニズムであると考えられている。

それでも，虐待された人が必ず虐待をするようになるわけではない。しかし，虐待の経験は確実に子どもの心に消えない傷を残し，その後の人生に長く悪影響を与えることになるので，早期発見と早期の対応がとても重要である。虐待を防止するためには，親が育児に悩んで孤立することがないよう支援すると同時に，周囲の大人が「この子は元気かな」と注意を払いながら，子どもの些細な変化に敏感に反応し，子育てに積極的に関与していく姿勢が求められる。

3. 虐待の原因

虐待のケースはさまざまであり，その背景には複雑な社会的要因が絡み合っているが，虐待が起こる場合には，いくつかの共通する特徴がある。まず，親自身が社

会的な問題を抱えていることがある。たとえば失業していて経済的に困難な状況にあったり，頼れる人がいなくて地域コミュニティから孤立していたり（親族と離れて暮らしている，引っ越したばかりで母親どうしの友だちがいないなど），親自身がうつ病などの病気にかかっていたり，夫婦関係が破綻していて育児のうえでも頼れる人がいない場合などは虐待が起こりやすい。また，子どもが病気であったり，障害を抱えていたり，親になつきにくい場合や，愛着形成の遅れがあったりする場合なども虐待のリスクが高くなる。

その一方で，虐待の認知件数が増加している背景には現代社会の構造的問題もある。本来，育児は「母親の責任」ではなく，祖父母や親戚を含めた大家族または地域コミュニティ全体でサポートすべきものであり，かつての日本では農作業の合間に祖父母や年上のきょうだい，親戚，隣人など複数の大人が関わって育児を担っていた。しかし現代では核家族化が進み，親族と遠く離れて暮らすことが多くなった。父親は長時間勤務で育児をサポートできないことも多く，結果的に家の中には幼い子どもと母親だけが取り残され，育児が「密室化」してしまう。

その結果，夜中の授乳などで母親に疲れがたまっているときに，子どもが些細な失敗をしたり，泣きわめいたりしてカッとなって手をあげてしまったり（身体的虐待），言葉で追い詰めてしまったり（心理的虐待），1人で悶々と悩むうちに育児ノイローゼが高じてうつ状態になってしまう母親も少なくない。たった1人で育児をする母親がうつ状態になってしまうと，子どもの食事の用意や身のまわりの世話などが十分にできなくなること（ネグレクト）も多くなる。虐待は，特別な家庭の問題ではなく，どの家庭でも起こりえる身近な問題として考える必要がある。とくに母親の孤立は，育児の問題や虐待につながることが多く，その背景には核家族化や長時間労働など日本社会の構造的な問題がある。

また，実際には子どもを産みたいと考えていても「産み控える」しかない状況も増えている。子どもを産めるにもかかわらず，さまざまな理由で産まない女性も多い。たとえば，夫が非正規社員または低賃金であるために妻も働かざるを得ず経済的に子どもをもつことができない夫婦，または子どもは1人いるが近くの保育所がすべて満員で2人目を産んだとしても預けられる保育所がないために2人目を躊躇する夫婦などが増えている。多くの親ができれば一人っ子ではなく複数の子どもをもち，切磋琢磨させながら子どもを育てたいと考えており，よい子育て環境に恵まれれば自然と2人目，3人目ときょうだいの数は増えていくはずであるが，保育所

や託児所などの子育て環境の不備が原因となり「産み控える」という選択をしなくてはならない親が多く，結果的に少子化につながっている。

　子どもをもちたいと考えていても，妊娠に至らず不妊に悩む夫婦も多い。妊娠に最も適しているのは20〜30代前半といわれており，精子と卵子の受精確率，受精卵の着床確率，着床した後に順調に細胞分裂を繰り返し成長する妊娠確率は年を追うごとに低下する。また，加齢により卵子や精子の老化し，流産の危険性や染色体異常などの確率も上がる。出産は子育てのスタート地点であり，ゴールではないが，不妊治療が長く続き「子どもをもつ」ことが目的のように思えてしまうと，実際の子育てが始まったときに，その困難さに大きな戸惑いを感じたり「こんなはずではなかった」と思い悩むこともある。このように考えると，早い時期から妊娠と子育てに向けて正しい知識をもち，体調を管理すること，そして子どもの発達に関して正しい理解をもつことが非常に重要であるといえる。

4. 増加する虐待への対応

　このように考えると，育児を「親の責任」として親（主に母親）だけに担わせることは非常にリスクが高く，子どもの健全な発達と成長を阻害する要因にもなる。もともと育児は親だけで担うべき責任ではなく，家族全員または社会全体でサポートすべき大仕事であり，今後は，育児の負担を社会全体で担うこと（育児の社会化）がさらに重要となる。託児所や保育所を増やし，待機児童を減らしたり，子育ての終わった地域の高齢世代の力を活用することで，子育ての負担は減らすことができ，親を支援することは子どもの虐待の予防にもつながる。子どもは親が「つくる」のではなく，本来「授かりもの」であり，社会にとっては次世代を担う重要な存在である。その子どもたちの健全な育ちは，社会全体で保障する必要がある。

第3節　子育て支援

1. 子育て支援政策・対策の変遷

　毎年母の日に発表される「お母さんに優しい国ランキング2015」(Save the Children Japan, 2015)で，日本は2年連続して178ヵ国中32位である。これは先進国7ヵ国（G7）のなかで最下位である。この状況を反映してか，女性が一生のうちに産む子どもの数に相当する合計特殊出生率は，統計を取り始めた1947年の4.54人に対して3分の1以下にまで落ち込み，微増が続くなかで2014年には9年ぶりに前年度を0.01ポイント下回り1.42人となった（厚生労働省，2015a，2015b）。机（2015）は，インターネット上でマタニティマーク（図8-6）を付けている妊婦がバッシングされていることや，それにおそれをなして身に付けることを自粛している妊婦の存在などについて報告している。一方，妊娠や出産を理由とした不利益な扱い，いわゆるマタハラ（マタニティーハラスメント（厚生労働省，2015c）も問題となっている。いずれにしても，本章第1節および第2節にもあるように，親子が安心して育ち・育てる環境とは言いがたいのが日本の現状である。

　図8-7（内閣府，2015）に，これまでの子ども・子育て支援政策が整理されている。1990年の合計特殊出生率が1966年の「ひのえうま」の年よりも下回ったことから「1.57ショック」とよばれ，1994年には「エンゼルプラン」，1999年には「新エンゼルプラン」が策定され，仕事と子育ての両立や子どもを産み・育てやすい環境づくりが目指された。しかしながら，少子化への歯止めとならなかったことから，2002年には「待機児童ゼロ作戦」を含んだ「少子化対策プラスワン」が，2003年には子どもを育てる家庭を社会で支えるという「次世代育成支援対策推進法」が制定されている。これまで「努力義務」であったものをすべての自治体と301人以上の労働者を雇用している事業主にも義務化し，実際的な行動計画を策定・実施するという画期的なものであった。2010年1月には，「子ども子育てビジョン」および「子ども・子育て新システム」が制定され，目指すべき社会への4

図8-6　マタニティマーク
　　　（2006年厚生労働省発表）

第3節 子育て支援

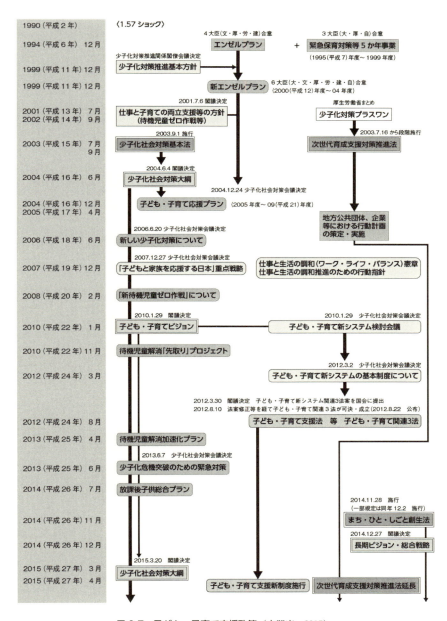

図8-7 子ども・子育て支援政策（内閣府，2015）

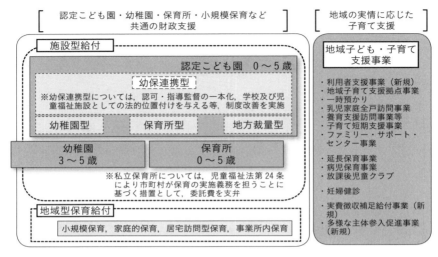

図 8-8　子ども・子育て新支援の概要（内閣府，2015）

本柱として，以下に掲げられるに至っている。

①子どもの育ちを支え，若者が安心して成長できる社会へ
②妊娠，出産，子育ての希望が実現できる社会へ
③多様なネットワークで子育て力のある地域社会へ
④男性も女性も仕事と生活が調和する社会へ（ワーク・ライフ・バランスの実現）

2014年に開始された子ども・子育て支援新制度は，「子ども・子育て支援法」「認定こども園法の一部改正」「子ども・子育て支援法及び認定こども園法の一部改正法の施行に伴う関係法律の整備等に関する法律」の子ども・子育て関連3法に基づいている（内閣府・文部科学省・厚生労働省，2013）。そのポイントは，以下である（図8-8）。

①認定こども園，幼稚園，保育所を通じた共通の給付（「施設型給付」）及び小規模保育等への給付（「地域型保育給付」）の創設
②認定こども園制度の改善（幼保連携型認定こども園の認可・指導監督の一本化等）
③地域の実情に応じた子ども・子育て支援の充実

④基礎自治体（市町村）が実施主体
⑤社会全体による費用負担
⑥政府の推進体制
⑦子ども・子育て会議の設置

2. 子育て支援の具体例

　上述した子育て支援政策・対策の過程で実施されてきた，より家庭に身近な子ども・子育て支援の例は，図8-8にある「地域子ども・子育て支援事業」に列挙されている。このうち，第1節でみた育児不安との関係が深く，生後4か月までの乳児家庭全戸に自治体から家庭訪問を行う「乳児家庭全戸訪問事業（こんにちは赤ちゃん事業）」についてみていこう。この制度は，2007年に制定され，2009年から開始されている。ただし，訪問員は，保健師，助産師，保育士の他，ボランティアの場合もあり，研修の有無や内容についても地域差が認められるのが現状である。いずれにしても，乳児を連れて外出しづらい時期に，地域の子育て支援情報を提供されたり，子育ての助言を得られたりすることには意義がある。第1節で記した産後うつ病の早期発見と育児不安や虐待の予防を目的として吉田ら（2005）は，「エジンバラ産後うつ病質問票」（EPDS）（岡野・宗田，2006）の他，育児支援の環境に関する「育児支援チェックリスト」，「赤ちゃんへの気持ち質問票」の質問紙3セットを訪問時に使用する取り組みを推進している。早期の親子支援として，この制度のさらなる充実化が望まれる。

　以上，概観したように，子ども・子育て支援に関する政策や支援の場などの大枠

は整いつつあるが、そのなかでおのおのの専門職が、これまでの職制や専門性をどのように活かしていくのかについては、未だ模索が続いている。そのキーワードは、「専門性の応用」と「多職種の協働」である。ここで、心理学的な立場からの子ども・子育て支援への貢献については、以下のような内容が考えられる。

①発達の遅れや発達障がいを抱える子どもや養育者の支援
②育児不安を抱える養育者と子どもへの支援
③虐待的な関わりに対する予防的な親子支援

瀬々倉（2012, 2013）は、現代の子育てが困難な養育者の状況から、乳幼児と関わる際には、「直感（intuition）」「想像力（imagination）」「遊び心（playfulness）」が必要であるとしている。それらを活性化して親子相互作用の一助とすることを目的に「らくがきゲーム」を養育者間に活用し一定の成果を得ている。これは、子どもの心理療法で用いられるスクイグルゲーム（Winnicott, 1971）の応用であり、支援者養成にも活用されている。図8-9は、2人1組で行うらくがきゲームのプロセスで感じる気持ちをまとめた例である。施行方法や注意点については、上述の2文献を参照してほしい。なお、実際に親子支援を始めるにあたっては、本章第1節の3. と4. を是非、あわせて読んでほしい。

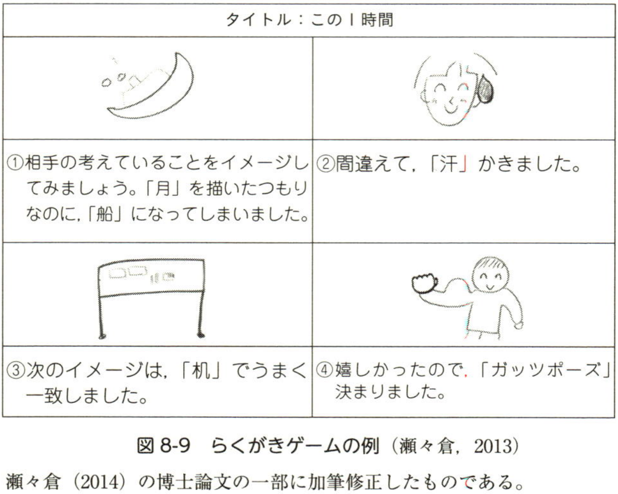

タイトル：この1時間	
①相手の考えていることをイメージしてみましょう。「月」を描いたつもりなのに、「船」になってしまいました。	②間違えて、「汗」かきました。
③次のイメージは、「机」でうまく一致しました。	④嬉しかったので、「ガッツポーズ」決まりました。

図8-9　らくがきゲームの例（瀬々倉，2013）

付記：本稿は、瀬々倉（2014）の博士論文の一部に加筆修正したものである。

Column 7

海外の子育て支援

　海外の子育て支援が，少しずつ日本に紹介されています。たとえば，カナダの養育者グループ支援プログラム Nobody's Perfect，英国の家庭訪問支援 home-start や home visiting などです。なかでも，前述した「お母さんに優しい国ランキング」で常に上位であるフィンランド（以下，Fin と略す）の例を紹介します。

　夫婦共働きが当たり前の Fin の合計特殊出生率は，約 1.8 人と高水準です。これは，社会全体が親子にやさしく，切れ目のない支援が行われてきた結果です。Fin の子育て支援のキーワードは，ネウボラ（neuvola：相談の場）と育児パッケージ（図①）であるといえます。ネウボラは，子どもや家族全体の心身のサポートを目的に，妊娠（胎児）期から就学前まで，助産師や保健師などの固定担当者「ネウボラおばさん」による健診や育児相談などを行います。1 回の個人面談は，30 〜 60 分で利用者データは 50 年間保存され，継続的なサポートが行われています。

　ネウボラか医療機関での妊婦健診受診を条件に提供される育児パッケージは，KELA（Fin 社会保険庁事務所）から支給される母親手当の代表的なものです。男女共通の内容（図②）は，パッケージ自体がベビーベッドとなるようにサイズを合わせた寝具や，ベビー服，ベビーケア用品だけでなく，避妊具など親のための用品まで約 50 点にものぼり，生まれてくる子どもへの社会からの分け隔てない祝福と歓迎のシンボルとなっています。近年，日本国内でも Fin 大使館主催のセミナーが開催されています。

図①　育児パッケージ　　　　図②　育児パッケージの内容

出典：フィンランド大使館ホームページ　http://www.finland.or.jp/public/default.aspx?nodeid=49799&contentlan=23&culture=ja-JP

第9章 教育・保育による発達の支援

第1節 ピアジェ理論と保育

1. ピアジェの発達理論から乳幼児を理解する

(1) 乳児期からの「知ること」の発達

ピアジェ（Piaget, J.）の理論は，人がどのように物事を「知っていくか」を説明するものである。人は外界の事物や情報をカメラのようにそのまま記録するのではなく，常に「シェマ」という認識の枠組みを用いて環境に関わり，周囲の世界をとらえようとしている。それは生まれてすぐからみられる知的な環境への働きかけである。たとえば，乳児は「つかむ」「なめる」「吸う」といった行為（シェマ）を使って事物を認識しようとする。乳児がいろいろなものを「つかもう」とするとき，それは外界の対象を自分がすでにもっている「つかむ」というシェマに合うように取り入れようとすることであり，それを「同化」という。しかし，それがつかみ慣れたものとは違う大きさ，形，柔らかさのものであれば，つかみ方を変えなければな

図9-1　いろいろなものをつかむ

表 9-1　3種類の知識と5つの側面（カミイ・加藤，2008）

物理的知識	社会的知識	論理数学的知識				
		分類	順序づけ	数量的関係づけ	空間的関係づけ	時間的関係づけ

らない。それを「調節」といい，外界の新しい対象に合わせて，自分のもつシェマを変えていくことを意味する。人は乳児期からそのような同化と調節を繰り返しながら，外界の事物や情報を「知っていく」のである。

　幼児期になると，心の中でイメージ（表象）を使って「今ここ」をこえて思考するようになる。ピアジェの発達段階（第1章参照）は人の「もののとらえ方」が乳児期，幼児期，児童期，それ以降と変化していくことを示す。

(2) 子どもは自分で知識を作り出す

　ピアジェは，「知る」ことは外界との相互作用を通して内部から知識を構成することだと仮定している（カミイ・加藤，2008）。それを説明するために，知識を物理的知識，社会的知識，論理数学的知識の3つの種類に区別した。また，論理数学的知識には5つの側面があるとした（表9-1）。

　物理的知識とは，丸いボールは転がる，ガラスのコップは割れるといった事物の性質に関する知識であり，事物への働きかけとその結果を観察することによって獲得される。この知識の源は，外界にある事物のなかにある。

社会的知識とは，日本語や英語などの言語や，日本ではおじぎをする，室内で靴を脱ぐといった社会的慣習についての知識であり，人から伝わるものである。この知識の源は，人々によってつくられた社会（慣習）のなかにある。

　これらに対して，論理数学的知識とは，外界から獲得されるものではなく，その源が個人の内部（頭の中）にある。たとえば，赤いおはじきと青いおはじきを見たとき，色が異なるので「違う」とも，どちらもおはじきなので「同じ」ともいえるだろう。あるいはおはじきが「2つ」あるともいえる。色は目に見えるものだが，同じ・違うという「分類」や「数」は目に見えるものではなく，個人が頭の中で関係づけることで作り出される知識である。

(3) 乳幼児は大人のように「見て」いない

　乳幼児が自分で知識を構成していることは，日常の姿から読み取れる。たとえば，乳幼児が斜面でいろいろなものを転がして遊ぶ場面を考えてみよう。斜面を丸いボールが転がるのを見た子どもが，四角い積木を同じように転がそうとすることがある。斜面の低いほうから高いほうへ転がそうとする姿もみられる。このような姿から，子どもは同じものを見ているようで，大人とは同じように「見て」いないことがわかる。事物は形によって転がり方が違うという「分類」や，高いほうから低いほうへ転がるという「空間的関係づけ」をまだしていない子どもには，形の違いや斜面の高低の違いは見えていない。

　これらは「目」で見るからわかるのではなく，子どもが事物と関わりながら，頭の中で関係づけをするからこそ見えてくるものなのである。

図9-2　どうなるかな？

2. 遊びにおける乳幼児の発達の理解と支援

(1) 乳幼児の「まちがい」から子ども理解と発達支援へ

　乳幼児の言動には，大人からすると「まちがい」にみえることが多くある。斜面の上で四角い積木を転がそうとするのが一つの例である。しかし，そのような姿こ

そが，乳幼児のもののとらえ方がいかに大人と違うのかを知る「子ども理解」につながる。

　ピアジェは，子どもはよく考えるから「まちがえる」と仮定している。その「まちがい」がより考えることにつながり，次の「まちがい」へ進むことで新たな知識が構成されるというのである。子どもがまちがいながら自分で考え，知識を作り出し，修正していくことを支えることが，乳幼児の発達を支援することになるのである。

　次に，保育における「物と関わる遊び」と「集団ゲーム」を取り上げ，具体的な遊びを通して乳幼児の発達を支援する方法について考えたい。

(2) 物と関わる遊びを通した発達とその支援

　物と関わる遊びとは，子どもが事物に働きかけて，望む結果を作り出そうとする遊びである。斜面遊び，積木遊び，水遊び，まと当て，シャボン玉遊びなどが含まれる（カミイ・加藤，2008）。

　乳幼児は自分が働きかけることで，物が動いたり変化したりすると，強い興味をもつ。そして，どのような自分の働きかけ（原因）によって，物がどのように反応するか（結果）を観察し，その間に関係性があることを知っていく。吹く息の強さとシャボン玉ができるかどうかの関係や，ボールを投げる強さや方向とボーリングのピンが倒れるかどうかの関係など，子どもはさまざまな関係づけをしていく。

図 9-3　斜面遊びの材料の例

このような遊びでは，子どもは自分の考えが「うまくいかない」ことを経験するが，そこからどうすれば「うまくいくか」を自分なりに考え出すことが大切である。斜面遊びで，転がらないものや，置き方によっては転がるものを準備すると，どれならば転がるかを考えることにつながる。傾斜のない水平な面を準備すると，転がらない結果から，どうすればよいかを考えるよう促すことができる。

図9-4　シャボン玉遊び

保育者の役割は「うまくいく」方法を教えることではない。たとえばボーリング遊びでは，どのようにピンを並べたらたくさん倒れるかを子どもが考えられるように促す。投げたボールがピンに当たらなかったら，どうすれば当たるかを考えるように促す。子どもは大人が思いつかないようなピンの並べ方やボールの投げ方をするが，それが「うまくいく」かもしれないと思っているのである。そこで，どういう結果になるか，実際に試し，確かめる必要がある。保育者は「うまくいかない」とわかっていることでも，子どもが自分の考えを試すよう励ますことが大切なのである。また，子どもが知的に事物に働きかけ，自ら知識を構成するために，何度もくりかえし試せる環境づくりをすることも発達の支援において重要な点である。

(3) 集団ゲームを通した幼児の発達とその支援

集団ゲームは，2人以上でするルールや勝ち負けがある遊びであり，鬼ごっこ，フルーツバスケット，陣取りゲーム，カードゲーム（神経衰弱等），ボードゲーム（すごろく等）などさまざまなものが含まれる。

年少児の鬼ごっこでは，みんなが同じ方向に走り回ったり，鬼に近づいていったりする姿がみられるが，だんだんと逃げ方やつかまえ方が変化していく。まず鬼と鬼ではない子を「分類」するようになる。そして，近くのつかまえやすい子と，遠くのつかまえにくい子を「分類」し，「空間的」「時間的」に関係づけていく。

幼児は，自己中心性（自己の視点から判断し，複数の視点を関連づけることができない）という思考の特徴をもつので，1人の鬼だけから逃げる，1人の子だけを追いかけるという姿もみられる。そこから，複数の鬼からうまく逃げたり，ある子

を追いかけていても，ほかにつかまえられる子がいないかを同時に考えたりするようになる。また，複数の子を見て，つかまえやすい順に「順序づけ」をしたりするようにもなる。

　子どもの遊び方が変化し，うまくなっていくのは，子ども自らが考え，いくつもの知的な関係づけができるようになっていく発達の姿である。子どもが自分で考え，決められるようにすることが発達の支援につながる。

3. 生活や人との関わりにおける発達の理解と支援

(1) 生活を通した発達の理解とその支援

　着替え，片付け，食事などの生活場面でも子どもは自ら考え，関係づけをしている。着替えの場面では，下着とズボンを分類し，時間的（どちらを先に着るか），空間的（どちらが下にくるか）といった関係づけをする。シャツの襟ぐりから頭を突っ込もうとする子どもの姿をよくみるが，どこから頭を入れ，どう袖に手を通していくかを考えるためには，分類や空間的，時間的な関係づけが必要である。スムーズに自分で着替えができるようになるのは，子ども自らがいくつもの関係づけをし，それらを使って組織的に考えられるようになるからである。時間がかかっても，できるだけ自分の力で着替えるよう促すことは，そのような知的な発達の支援になる。

図 9-5　自分で考えながら着替える

　食事やおやつの場面でも，自分で考えることを促す

支援ができる。大人が配るのではなく，自分のグループの「みんなの分」のおやつをもっていくように4，5歳児に促すと，おやつを1つずつテーブルに運ぶ姿（1対1対応）から，グループの人数を数え，その数のおやつをまとめて運ぶ姿へと変化していく。自分なりに考えることで，生活のなかで「数」の理解が発達していく。

図9-6　みんなでおやつ

(2) 人との関わりを通した発達の理解とその支援

　子どもが友だちと遊び，生活するとき，ものの取り合いなどのトラブルを多く経験する。乳幼児にとって，ほかの人が自分と違う思いをもつことを理解するのは難しい（自己中心性）。自分の行為（原因）によって，相手が悲しんだり，怒ったりしている（結果）という関係づけをするのも難しい。人とのトラブルが起こる場面は，少しずつほかの視点を意識し，考えるようになる（脱中心化）機会になるため，どのように対応するかは子どもの社会的・道徳的な発達において重要である。何が問題になっているかを確かめ，お互いの思いを伝え合い，どのように解決したらよいかを考えられるよう促すなど，解決するプロセスをていねいに支援することが大切である。大人が解決をしてしまうのではなく，子どもが自分の問題として考えられるよう支えることも保育者に求められる。そのような経験を積み重ね，子どもは自分たちで問題を乗り越える力と自信をもつようになる。

(3) 集団における道徳性の発達とその支援

　ピアジェによると，「よい」「わるい」の道徳的な判断も発達的に変化する。大人からほめられることが「よい」ことで，叱られることが「わるい」こととする「他律的」な段階から，どう行動することがよいのかを自分で判断しようとする「自律的」な段階へと成長していく。

　このような発達は，乳幼児期において，

図9-7　関わりのなかで育つ

子どもがどのような人との関わりや集団での経験をするかが重要になる（Devries & Zan, 1994）。大人による指示ばかりが与えられる子どもは，それなしには行動できなくなる。できるだけ自分で決めて行動するよう励まされなければ，子どもの自分で判断する力や，自分を統制する力は育たない。

　集団においても，大人が決めたルールにただ従うだけでなく，みんなで話し合って決める機会をもつことが重要である。そのような経験を通して，自分たちの問題を協力して解決していく力が幼児期から育っていく。

Column 8

子どもの自分で考える力〈自律〉を育てること

　ピアジェは，知的な自律と道徳的な自律は切り離せないものだと述べています。自律とは，正しい答えをいつも教えてもらうのではなく，まちがいながらも自分でみつけていくことです。ただ与えられたルールに従うのではなく，よいことかどうかを自分で決めて行動することです。日々の生活において，乳幼児が自分で決められることは多くあります。大人が必要以上に決めてしまうのではなく，そういった場をどれぐらい増やせるかが重要です。自ら考えて行動する力を育てるための支援は乳幼児期から始まっているのです。

第2節　ヴィゴツキー理論と保育

1. ヴィゴツキーの発達観・教育観

　ヴィゴツキーは，人間の精神活動を，人と人との関係で展開されていたものに起源があり，人間は外にあるものを内部に取り込み，自己の能力や技能として「内化」させていく「精神間から精神内」への移行が行われると考えた（Vygotsky, 1956）。つまり，言語，道具の使用，抽象的思考，論理的思考，意図的行為のような高次の精神機能は，他者とのコミュニケーション及び他者からの働きかけを通じて，子ども自身が自分の中に取り込むことによって成立していると考えている。

2. 発達の最近接領域

　学習をとらえる枠組みとして，内化理論を具体化した概念が，「発達の最近接領域（zone of proximal development: ZPD）」である。ヴィゴツキーは，子どもの発達水準には2つあると考えた。1つは「自分一人で問題を解決できる発達水準」，もう1つは「大人や友だちの援助のもとであれば問題を解決できる発達水準」である。自分一人でできる発達水準に達している能力は，すでに修得している能力といえるが，自分一人ではできないが大人や友だちと話すことを通じて気づいたり，教えてもらいながら解決できる内容は，知識や能力が向上しつつある領域といえる。この2つの水準の発達差を「発達の最近接領域」という。教育・保育とは，自分一人でできることと，これからできそうになことをいかにつなげていくかを実践する営みであり，発達の最近接領域の差に働きかける教授のあり方を考えるのが保育者や教師である。

　「発達の最近接領域」理論では，リードする役割は大人だけではなく，子どもも想定している。大人との関わりだ

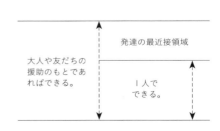

図9-8　発達の最近接領域のイメージ図（Vygotsky, 1980）

けでなく，年齢が異なる子どもどうしの関わりや，課題の習熟度が異なる子どもどうしの関わり，障害をもった子どもと健常児との関わり（インクルーシブ教育）を通して学習が展開されることによって，言語，道具の使用，抽象的思考，論理的思考，意図的行為のような高次の精神機能が発達していく。

3. ヴィゴツキーが考える就学前プログラムの特徴

（1）発達と教授過程との関係

　ヴィゴツキーによれば，子どもの発達と教授過程との関係には2つある。3歳頃までは大人は子どもの自然発生的な興味に付き合う「自然発生的な教授プログラム」が多いが，3歳以降は保育者や教師が子どもの興味を向上・深化させたり，子どもがまだ気づいていない新しい興味を与える「反応的学習的な教授プログラム」が増える（Vygotsky, 1935）。学齢期の子どもは，教師主導の「反応的学習的な教授プログラム」で学ぶことが多いが，幼児期後半から小学校低学年の時期は，ヴィゴツキー曰く，「子どもはしたいことをするが，私がやろうとすることもしたがる」時期であり（明神, 2003），「自然発生的な教授プログラム」と「反応的学習的な教授プログラム」が複雑に絡み合う（神谷, 2007）。

　日本の保育形態には，大きくわけて，自由保育と設定保育がある。明神（2003）によれば，自由保育は子どもの自発性や興味が先行するもので，活動選択の主導は子どもにある。保育者は子どもの発達段階や興味に応じて環境を整え，そして子どもと一緒に活動することを通じて，子どもが自分から楽しく活動できるようにサポートする役割をはたす。保育者が子どもたちの活動に介入する度合いと方法は，

見守る立場から，積極的に介入する立場まで多様である。自由保育は，「自然発生的な教授プログラム」の色彩が濃いものの，「反応的学習的な教授プログラム」も含有しているといえるだろう。一方，設定保育は保育者中心保育ともいわれ，「反応的学習的な教授プログラム」の色彩が強い保育といえる。保育者が計画をたて，保育課程をコントロールし，系統性をもった指導計画のもとに保育が行われる。とはいえ，子どもの発達や興味，意欲等を考慮せずには実践は不可能である。

(2) 発達と獲得概念との関係：生活的概念と科学的概念

　獲得する概念の種類も子どもの発達によって異なる。子どもは，日々の生活経験のなかで，自覚的に学んでいるわけではないが，自然発生的にさまざまな「生活的概念」を身につけていく。たとえば，幼児期はコップの大きさにかかわらず，ジュースを何度も注ぐと，たくさん飲んだという認識になりやすい。学齢期が近づき，子どもは他の諸々の概念との関係を通じて間接的な関係をとらえることができるようになる。たくさんの量とは，回数だけで判断するのではなく，コップの容量との関係を対応づけて判断することが必要だとわかるようになる。概念が体系化され，「科学的概念」へ変化しているのである。数量認識の生活的概念は，学校で習う以前から体験的に修得しているが，その後学校段階になると，数量認識を抽象的・倫理的思考に概念操作するようになり，経験とは違う方向から再び学びなおすことになる。

　発達的観点からいえば，子どもは，大人の支援により，生活概念を科学的概念へと変化させ，やがて独力で科学的概念の操作ができるようになっていくといえる。ただ，生活概念を科学的概念へ変化させるには，「生活的概念」の発達が一定の水準に達していることが前提となる。このように考えるとやはり，保育者や教師は，「自然発生的な教授プログラム」を通じて「生活的概念」の習得や，「反応的学習的な教授プログラム」を通じて「生活的概念」や「科学的概念」が習得ができるように，子どもが自分一人でできることと，これからできそうなことの違いを理解し，発達の最近接領域にどう働きかけるかを見極めなければならない。

4. 保育者や教師の関わり：足場づくり

　日々の保育のなかで，保育者が子どもにどこまで援助すべきかを迷うことは多い。

日常の生活習慣面（起床・就寝，トイレ，食事，衣服の着脱，片付けなどの自律的行動）だけでなく，いざこざの解決といった対人面，上手くいかなかったときの感情制御面など，どこまで援助したらよいか悩む場合は多い。たとえば，子どもが少し困っていても，子どものそばにいる保育者は積極的に支援せず，ようすを見守っていることがある。保育者は，子どもが一人でできる程度や，他者に助けを求める内容を観察し，援助する場合には目の前の子どもにとって適切な支援の内容を考える。

　大人が，子ども（学習者）が今どういう状態にあり，発達の最近接領域がどの範囲なのかを見極めて，行う援助のことを足場づくり（scaffolding）という（Bruner, 1986）。足場を設けた後，一人でできるようになれば，その足場を少しずつ減らしていく。足場づくりの例としては，参加の促しや励ましの声かけ，着目すべきポイントの指示，課題の難易度の変更，モデルとなる大人や友だちとともに活動することがあげられる。

　内田（2008）は，保育者が足場づくりを考えるとき，①これまでの保育経験で同じような事例を想起する，②仲間がやっていることを真似できるということは，もう自力でできる直前であることを意味することが多いため，子どもに模倣行動がみられるかどうかをチェックする，③子どものそれまでの発達の筋道を知り，子どもの得意不得意を知ったうえで足づくりの内容を判断することが多いことを指摘している。また，保育者の言葉がけの特徴として，すべて答えを言ってしまうのでなく，子どもが考える余地をのこすような言葉がけがあげられる。禁止や命令の言葉がけではなく，「～したら？」「～どう思う？」といった言葉がけをしたり，保育者が提案したことに子どもがピンとこなかったら，提案を引っ込めることの重要性を指摘している。

5. 水平的相互作用と垂直的相互作用

　ヴィゴツキーは，親や教師・保育者などの大人との相互作用も，子どもどうしの相互作用もどちらも重要ととらえている。同じ発達水準の者どうしの相互作用や，課題の熟達度に差がないメンバーで行われる相互作用を水平的相互作用といい，異なる発達水準の者どうしの相互作用や，課題の熟達度に差があるメンバーでの相互作用を垂直的相互作用とよぶことがある。

　グラノット（Granott, 1993）は，ペア間の熟達水準の差と，協同活動の程度によって，9つの相互作用タイプを提案している（図9-9）。たとえば，メンバーの熟達差は大きいが，協同性が高いグループの場合，「足場づくり」的な関わりがみられやすい。保育者・教師と子どもとの組み合わせでよくみられる相互作用である。また，メンバーの熟達差が大きく，協同性があまりみられない場合は，熟達度が遅い者が進んでいる者の行動を「模倣」することが多い。これは，保育者・教師と子どもの組み合わせにおいても，子どもどうしにおいてもみられる。

　「足場づくり」と「模倣」の中間に位置している「徒弟制」は，指導者は学習者に，必要に応じて関わる相互作用である。「徒弟制」の考え方（Lave & Wenger, 1991）は，学習は社会的状況に埋め込まれており，学習と状況は切り離せないと考える学習感に基づいている。共同体に参加した新参者は，まず周辺的な位置づけで参加し（正統的周辺参加），徐々に共同体のなかで重要な役割を果たすようになっていくことが学習であると考える。職人の修行における徒弟関係をイメージするとわかりやすいが，言語の習得も，職場での仕事の習得も，新しい学校に転入した子どもがクラスに参加していく過程なども，周辺的参加活動を通じた学習といえよう。

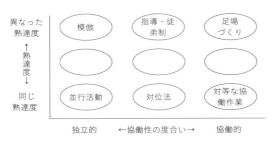

図9-9　熟達度の差と協同活動の程度による相互作用のタイプ（Granott, 1993)

メンバーの熟達差が同程度とは，同年齢または比較的年齢の近い子どもどうしの相互作用が該当する。協同性が強くなると，対等な共同作業になり，協同性が弱くなると並行活動になる。一般的に，子どもは自分よりも熟達度が高いパートナーと組むほうが，熟達差が同程度のパートナーと組むよりも，効率的に学習目標に到達しやすい。ただし熟達差が同程度の場合，学習目標への到達は難しくても，基本的に対等で互恵性に基づいた関係のため，相手にどのように伝えればよいのか，相互交渉を繰り返すので，課題知識が深まり，コミュニケーション力も鍛えられる（Hatano & Inagaki, 1991）。

6. 同年齢保育と異年齢保育

　日本の多くの保育所や幼稚園では，同じ年齢でクラス編成する「年齢別保育」が主流だが，行事等は異年齢を意識した活動を実施する園が多い。園によっては，毎年，特定の年齢の子どもたちが取り組む活動があり，ある園では，毎年のクリスマス時期になると，年長クラスの子どもたちがクリスマスの劇に取り組み，年中クラスの子どもたちは，合唱隊として参加する。年中クラスの子どもたちは，いわゆる周辺的参加学習をしているのである。年齢別保育と異年齢保育のバランスは園によってさまざまである。グラノット（Granott, 1993）が示したようなさまざまな相互作用が，どの保育所や幼稚園でも生じていることを考えれば，保育者は，相互作用の場が子どもにとってどんな経験の場となっているかを意識することが必要である。それぞれの子どもの「発達の最近接領域」を教育・保育でいかにつなぐかという問題は，相互作用の場をいかに設定するかいう問題ともいえるだろう。

第3節　教育・保育における発達の支援・工夫

1. 教育・保育による育ち

　乳幼児期に，人格形成の基礎を育てていくことが教育や保育の基本である。子どもの成長を木にたとえて考えてみよう。子どもが成長する木であれば，どっしりとした大きな幹をもち，枝はぐんぐん伸び，葉っぱが茂り，花が咲き，実がなる，そんな木に育ってほしい。そのような木に育てるには，基礎の部分である根っこを育てることが大切である。つまり「未来を生きるための根っこを育てる教育・保育」が大切である。「未来を生きるための根っこ」とは，5年後，10年後，それから先の未来に向けて，力強く生き抜いていく力である。たとえば，子どもが自分の生きている世界を「楽しいな」「面白いな」と感じて自主的に行動する力であり，「やってみよう」と好奇心をもって挑戦する力であり，「どうしてかな？」と疑問をもって考える力である。そして，「大好きなもの」を愛する気持ち，大切にする気持ち，「ありがとう」という感謝の気持ちなどである。目先のできる，できないという結果ではなく，その過程で大切な力や気持ちを育てていくことが，未来へとつながっていくのである。行動するときは，表面的に見えることばかり気にしてしまうが，直接的には見えない大切なものを育てていくことこそが，教育・保育の役割である。

　そしてこれらの力や気持ちを，子どもたちは"遊び"のなかで五感を働かせ，"遊び"を通して，経験しながら獲得していくのである。保育者や大人が教え込んで知らせるものではない。子どもが自ら経験できるよう物的環境を構成すると同時に，人的環境である保育者の役割は大きい。

2. 保育者の役割

　教育・保育を実現するために，保育者はまず一人ひとりの子どもを知り，子どもを理解することから始めるべきである。そして個々の育ちに合わせた環境をつくり，時には援助し，時には忍耐強く見守り，激励するなど，さまざまな対応を考慮して，子どもの成長を支援していくことが保育者の役割である。

（1）子どもの特性を理解し，把握する

　筆者の幼稚園には「みんなの庭」という庭がある。「みんな」とは，子どもたち曰く，烏骨鶏9羽に，手乗り文鳥1羽，ウサギが5羽，そして子どもたちと保育者の庭である。その庭のようすをみていると，走り回るウサギをあっという間に抱っこしてご満悦な子ども，烏骨鶏まで少々荒々しく押さえつけて抱っこする子どももいれば，抱きたいけれどうまく捕まえられない子ども，庭の柵の中に入れずに外からようすをうかがう子ども，中には入れないけれど毎日餌を持ってきて遠くから投げ入れる子ども，まったく興味のない子や，怖くて近寄れない子どもなどさまざまな姿がみられる。

　保育者として，一人ひとりの育ちのようすを観察し，どんなことが好きで，どんなことに興味をもち，何をしたいのか，子どもの思いを把握し，子どもの思いをさりげなく応援したい。柵の外にいる子どもにウサギを持っていき少し触らせてみたり，捕まえられない子どもに友だちが捕まえたウサギを抱かせてもらう機会をつくったりするなど，一人ひとりに応じた援助や指導が望まれる。注意の集中できない子どもがいれば，前の席に座るようにするなど，まず一人ひとりの発達を受け入れ，できないところ，苦手なところを保育者がさりげなく補い，成功体験を積み上げていきたい。

（2）受け止めて，好きなことを伸ばす

　幼稚園では毎年作品展が開かれ，日頃の子どもの制作・描画作品を保護者に観てもらう機会を設けている。その際，子どもたちは自分の好きな題材を選んで絵を描く。たとえば，運動会やみかん狩りを絵の題材に選ぶ子どももいれば，好きな電車や魚を選ぶ子ども，ドラゴンや恐竜など想像物を選ぶ子ども，絵本の主人公を選ぶ

memo

子どもなどさまざまである。いざ描き始めると、子どもたちは1週間描き続ける。四つ切の紙を3枚，4枚つなげたり，なかには10枚つなげて描き続ける子ども，1枚の紙に何度も何度も色を重ねて描き続ける子どもなど，みんな真剣に描くことに没頭する姿はたくましく見える。

　じょうずに描くという結果ではなく，描くという活動を好きになることを大切にしている。描きたい絵を描いているので，描くことが楽しいため，集中して，根気強く取り組むことができる。この時期に，保育者は子どもたちがいろいろなことを好きになるよう援助していきたい。そのために保育者は子どもたちを思いっきりほめることを心がけたい。子どもはほめられることで自信を膨らませていく。一人ひとりの成長を認め，ほめることで自信につなげていくことが保育者の役割である。

（3）保護者を支援する

　少子化や核家族化などにより，子育てに対して疑問に思ったり，不安を感じる保護者が増えている。保育者はそのような保護者の声をしっかりと傾聴する姿勢を大切にし，共感したり，援助したりして，子育てを応援したい。

　保護者がたいへんに感じていることをまず理解し，ともに考える姿勢を大切にしたい。目先の結果ばかりに目を向けるのではなく，子どもが一生懸命取り組む姿勢やようすについて知らせたり，ありのままの姿の良さに気づけるよう助言したり，今できることが将来にどのようにつながるのか見通しを話したりして，援助していきたい。保護者を支援することが，子どもを支援することにつながっている。

3．実際の教育・保育での支援

　幼稚園や保育所の現場では，一人ひとりが楽しく園生活を過ごせるよう，保育者の配慮とともに，環境面でもさまざまな工夫が実践されている。

（1）絵本コーナーでの支援

　絵本コーナーでは，子どもの想像力が高まるよう，絵本はできる限り表紙の絵をみせて設置し，季節や子どもの興味に合わせた絵本紹介コーナーを設けている。またゆったりと読み込めるようソファーや椅子を用意したり，友だちとも1冊の絵本を一緒に楽しめるようテーブルを設置したりして，好きな絵本に出合える環境を設

図 9-10　絵本コーナー①

図 9-11　絵本コーナー②

定している。絵本の主人公を絵で表示したり，題名を色テープで分けたりして，年少児にもわかりやすいように工夫している。

(2) 手洗い・歯磨きでの支援

　手洗い，歯磨きの習慣が身につくよう，幼稚園では歌や音楽に合わせて，楽しく手洗い，歯磨きを行う。昼食前には，"Happy Birthday to You"のメロディーに合わせて，子どもたちのこんな歌が……「てのひらをあらおう　てのこうをあらおう　つめも　ゆびのあいだも　ごしごしあらおう」そして昼食が終わると"シャカシャカ歯磨き"のCDに合わせて歯を磨く子どもたちの姿がみられる。なんだかノリノリで楽しそう。

図 9-12　楽しく歯磨き

(3) 遠足での支援

　園生活に慣れてきた子どもたちも，行ったことのない場所や，知らないことをす

ることに抵抗感があり不安な気持ちになる場合がある。とくに,幼稚園では遠足などで園外に出かけるとき,必要に応じてあらかじめ,行き方や,現地のようす,予定を絵で表示して安心感をもたせたり,個別に話をしたりして,楽しい園外保育となるよう配慮している。

図9-13 写真入り遠足地図

(4) 泥だんご作りでの支援

幼稚園では泥だんご作りが大人気である。ピカピカの丸い泥だんごを作るために,水やふるい,タイプの違う砂を準備するが,子どもにとってはなかなか難しい。そこで,保育者が子どもと一緒に泥だんごを作り,力の入れ具合を知らせたり,見本や作り方を提示するなど,さまざまな支援をしている。

図9-14 先生手作りピカピカだんごの作り方

(5) コーナー設定での支援

子どもは,広い園庭でのびのびと走り回って遊ぶことが大好きだが,同時に狭い場所で自分だけの秘密基地を作ることも大好きである。そのため,幼稚園では遊びのコーナーとともに,必要に応じて一人で絵本を読んだり,落ち着いたりできるコーナーを作っている。衝動性の高い子どもにも,落ち着く環境は必要である。

図9-15 くつろぎコーナー

このように保育の現場では,一人ひとりの個人差に合わせた環境づくりが行われ,あわせて保育者がその環境を活かせるよう配慮している。

●事例 "クマ"の好きなN君

N君は入園する前,何でも"クマ"の絵が付いていないと気が済まない子どもだった。"クマ"の服を着て,持ち物にはすべてお母さん特製の"クマ"のワンポイントが付

いていた。すでにそのことを了解していた幼稚園では，個人シールも"クマ"の絵柄にして，準備万全であったが，入園間近のある日，お母さんから相談があった。帽子や制服に"クマ"を付けてもよいかとのお尋ねだった。もちろん OK である。"クマ"づくしで機嫌よく入園した N 君だが，年長組になった今は，その"クマ"の姿はどこにもない。

保育者は子どもの立場に立って，一人ひとりを柔軟に受け止めることが大切である。幼稚園や保育所，大人の事情に左右されず，子どもの育ちだけをみつめて，真摯に向き合っていきたい。そして子どもたちが主体的に経験することから学んでいくように，保育者も子どもたちとの経験，保護者との経験，保育者間での経験などを通して，日々学びを深めていきたい。

Column 9

Q：「子どもの自己有能感を育てる保育とはどのようなことが考えられますか」

A：保育者が子ども一人ひとりの個性を認めることが重要です。

　T 君はのんびり屋さんで，一つひとつの行動がゆっくりしています。担任の保育者は T 君がみんなと一緒にすぐに行動できないことばかりに目がいきがちになっていました。

　こんなことを考えてみましょう。ゆっくりしている間に T 君は何を見て，何を考えていたのでしょう。よく観察していると，T 君は友だちのようすを見ていたのです。そして，「〇〇ちやん，今日お休みやねん。どうしたんやろな。心配やな。」と小さな声でつぶやいていました。なんてやさしい言葉でしょう。こんなことを考えていたなんてすばらしいではありませんか。そしていっぱいほめてあげましょう。

　保育は忙しかったり，たいへんだったりの連続です。しかし，"みんな一緒"ばかりじゃない保育を受け入れる余裕をもつことで，一人ひとりの個性の輝きがみえてくるものです。保育者がその輝きを認めることが，子どもたちの自己有能感を育てる保育につながると思います。

第10章 相談と支援

第1節 カウンセリングマインド

1. カウンセリングマインドとは

　平成元年以降に改正された「幼稚園教育要領」「保育所保育指針」では，子ども中心の教育がよりいっそう謳われた。その姿勢を身につける機会の提供のために幼稚園教諭を対象に保育技術専門講座が平成5年に開設され，その教材として「保育技術専門講座資料」が文部省から出された。そのなかには，幼児の情緒安定・自発性・個人特性を尊重した指導を行うことと述べられ，そのために保育者に必要なものとして「カウンセリングマインド」の重要性が説かれている。幼稚園教育要領には，「一人ひとりの幼児の内面を理解し，信頼関係を築きつつ，発達に必要な経験を幼児自らが獲得していけるように援助する力」と記されてあり，心理カウンセラーがクライエントの心に寄り添い支えようとする姿勢と共通するものがある。カウンセリングマインドとは，外に現れた部分を評価の中心にすえるのではなく，内側に秘められた子どもの思いや内的プロセスに注目することである，と「保育技術専門講座資料」には記されている。

　また，カウンセリングマインドはカウンセリングとよく混同されるが，カウンセリング活動そのものではなく，カウンセリングの基本姿勢を教育の場に活かしていこうとするもので，カウンセリングマインドとカウンセリングは相違するものである。保育技術専門講座の意図は，

図10-1　カウンセリングマインドのとらえ方

表 10-1　ロジャーズの生徒中心授業の理論と方法

①我々は，他人を直接的に教授することはできない。我々は，ただ他人の学習が容易に展開するようにすることができるだけである。
②人間は，自己の構造を維持し，もしくは強化するに違いないと知覚するものだけを，重点的に学習する。
③もしも同化されるならば，自己の体制に何らかの変化をもたらすと思われる経験は，象徴化の否認もしくは歪曲によって抵抗される傾向がある。自己の構造や体制は，脅威されている場合には一層硬直化したものとなり，脅威から完全に解放されると，その境界を弛緩するようである。自己と矛盾対立するものとして知覚された経験は，現在の事項の体制が弛緩し，その経験を包含するように拡大された時のみ，同化されることができる。
④重要な意味を持つ学習を極めて効果的に促進する教育場面は，(1) 学習者の自己に対する脅威が最小限になるように排除されており，かつ，(2) 経験の場についての知覚が容易に分化されるようになっている場面である。

カウンセリングの基本姿勢をカウンセリングマインドとして保育者が身につける必要があるとしている。つまり，カウンセリングマインドをもつということはカウンセラーになるわけではなく，またカウンセラーのようになる必要もないのである。

　カウンセリングマインドの概念は，来談者中心療法の創始者であるカール・ロジャーズ（Rogers, C. R.）から派生したものであるが，カウンセリングマインドという言葉自体は和製英語であり，ロジャーズが提唱した言葉ではない。渡辺は，「ロジャーズが技術や方法だけでなく，カウンセラーの態度，言い換えれば『心』を重視したことは，精神主義の日本人にアピールし，ロジャーズも用いなかった『カウンセリング・マインド』という言葉を作り出したと考えられる」（渡辺，1996）と述べており，カウンセリングマインドは，ロジャーズの理論をもとに，日本独自の発展をとげたものであるといえる。図 10-1 は生徒中心授業の理論と方法であるが，

幼児への指導にも十分適用できると思われる。

2. 保育場面におけるカウンセリングマインド：保育者と子ども

　カウンセリングマインドを，保育実践に取り入れて有効に働かせ活用していくためには，保育の原則が，幼児を個人として対象にしているということと，幼児の集団を対象にしているということを念頭に置く必要がある。保育実践では，保育者が1人あるいは2,3人であるのに対し，複数の幼児を考慮しながら行わなくてはならない。対象が集団であるために，主に個人を対象として行うカウンセリングとの違いを考慮しなければならない。

　カウンセリングマインドを保育者が身につけるということは，子どもに対する具体的な援助行為にとどまらず，子どもの内面を理解しようとする保育者の姿勢の構築が求められていることになる。

　また，これまでの保育実践は画一的で一斉的な指導に陥りやすいところがあったため，カウンセリングマインドを通して保育実践を省みるきっかけとして有効に働くと考えられている。しかし，実際の現場では，保育者のゆとりがなく，十分に活用できていないのが現状である。そのために，保育者の確保等の現場の環境を整えていくことも重要な課題である。

　幼児は，語彙が少ないために気持ちを伝える表現力が乏しい。しかし，その表出

表10-2　現場の保育者からの意見（清水・齋藤，1995）
①保育所ではカウンセリング・マインドの必要性を認めているが，実際にはほとんど理解できていない。それは研修会に参加する機会がないから。
②子どもに主体的に働きかけている反面，保育者自身のその日の都合や気分で，いけないと思いつつヒステリックに保育をしてしまうのだが，そのような場合どのように自己コントロールしたら良いのだろうか。
③受容をし，子ども自身の行動を子どもに任せてみることができずに，すぐに手伝ってしまったり，口を出してしまい，"待つ保育"ができない。
④自分も含め保育者自身が"心のゆとり"のない毎日である。それは保育所自体が過剰の行事に追われているからである。このような状況下においては受容したり，待つ保育はできないように思える。
⑤保育者自身の少ない知識や経験の中では，子どものある一定の方向しかみることができず，つい レッテルをはり，その事柄を前提にして決めつけて保育をしていることが多いように思われる。"ちょっと気になる子"に対する子の受容などは程遠いように思える。

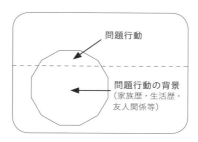

図 10-2　水面に浮かぶ氷の原理（中山, 1992）

された少ない情報から, 保育者は子どもの感情や伝えたい出来事を理解しなければならない。

　中山（1992）は, 子どもの問題行動を,「水面に浮かぶ氷の原理」として表している。問題行動として表出しているのは, 水面上に出ているごく一部の氷の部分にすぎず, 本来の問題は, 目で見ることのできない水面下にあるとしている。表出している問題行動の対応をするだけでなく, 水面下にある背景に着目して, 水面下の氷を小さくしなければ, 全体の氷が小さくならず再び問題行動として表れるのである。子どもに問題行動がある場合には, その問題行動に注目した原因の追求と, 問題行動の背景への着目という両視点をもって理解することが問題行動の解決につながるのである。

　保育者は, 表現力の乏しい子どもの感情の理解に努めるために, 幼児との心のつながりを大切にすることを軸に, 安心感を与えるために接触行動を交えながら, 幼児の立場に立って問題に対してともに考え, その子のありのままの姿を受けとめ,

温かく見守ることが必要である。

3. 子育て支援場面におけるカウンセリングマインド：保育者と親

3歳児をもつ母親を対象に行われたアンケートで86％の母親が「一人前の親になっていない」と回答している（山口，1997）。ほとんどの母親が，親として未熟であると感じており，育児に悩み，親になったことを自身で認められないまま子育てをしているという現状がある。このような状況には，子育てをする環境の変化が大きく影響している。以前は子育てを支援するシステムが確立されていた。それは，祖父母や近隣住民といった地域の人々が助け合いみんなで子育てを支援できる環境があったからである。子育ての不安やストレスについても，子育ての経験者であるまわりの人に相談し，支えられていた。そのため1人で子育てをしているという不安がなく，自然と親として成長していくことができた。

しかし，近年では少子化がよりいっそう深刻な問題になり，核家族化がすすみ，地域のつながりが希薄になっている。祖父母や近隣住民からの支援が受けられなくなっており，親だけで子育てをする環境がめずらしくない。そのために，保護者を支援する役割を担える保育者が子育て支援をしていく必要がでてきたのである（図10-3）。

幼稚園に対しては，幼稚園が地域の幼児教育のセンターとして，子育て相談等の子育て支援を展開することが要請されている。荒牧ら（2006）の「幼稚園児の母親の育児感情と抑うつ」に関する全国調査では，育児の負担感が高い親ほど子どもについての相談が少なく，子育てへの肯定感が高い親ほど子育て相談を頻繁に利用するという結果がでている。本来であれば，育児の負担感が強い親ほど子育て相談が必要であるにもかかわらず，現実にはそうでない。保育者には，支援を求めない支

	「少子化対策の子育て支援」 延長保育・乳幼児保育等	
	従来の保育サービス	「親育ちの子育て支援」 一時保育・地域子育て 支援センター等

図10-3　保育サービスによる子育て支援（小池，2003；野島，2005）

表10-3 エンパワメントを行う保育者の役割（中谷，2003）

①日常的な声かけ・コミュニケーション，ありのままの姿を受け入れ，見守り等を通して，母親に安心感・信頼感を抱かせ「自分が価値を持ち，尊重されていること」を気づかせる役割
②介入や指示，答えを教えるというスタイルではなく，広い視野，違う立場からの意見を提供し，母親自身の「気づき」や「自己決定」を促す役割
③母親の内発的動機づけを促し，受け止め，引き出し，背中を押す役割
④目標に達した各種リソース（資源）を選択・提示・提供し，そのリソースがうまくパワーに変換できるように援助する役割
⑤活動の意味づけや価値づけというポジティブ・フィードバックを通して，母親が持つ潜在力への気づきを促し，効力感や自信，自己評価を向上させる役割

援が必要な親に対して，それに気づくことが求められる。そのためには，カウンセリングマインドをもって保護者の悩みを受けとめることのできるコミュニケーション能力の向上が不可欠になってくる。

　また，子育て支援の根底に求められているものは，保護者の育児能力の向上と心の安定である。一時的に保護者の抱える問題を解消しているだけでは，根本的な問題は残ったままになる。保護者が保育者の支援を受けずに自身の育児能力を高めるためには，保育者が主体的にエンパワメントしていくことが必要になってくる。子育て中，保護者は自身の能力がみえなくなるときがある。保護者自身が自分を取り戻し，悩みを抱え込んでいた状態から，他者とつながりあっていける存在への変容を促すことが必要なのである。

memo

第2節　来談者中心療法

1. 来談者中心療法とは

(1) 来談者中心療法の発展

　来談者中心療法（client-centered therapy）とは，アメリカの心理学者であるカール・ロジャーズ（Rogers, C. R.）が提唱した心理療法である。

　ロジャーズは1942年に『カウンセリングと心理療法』を出版し，カウンセラーがクライエントに指示を与えず，クライエント自身が主体となる「非指示的療法（non-directive therapy）」を発表した。その後，1951年には，『クライエント中心療法』が出版され，技法のようにとらえられやすい「非指示的」という名称を「来談者中心（client-centered）」に変更し，クライエントを全面的に信頼することを強調した。

　日本に来談者中心療法が入ってきたのがこの頃になる。紹介した人物については諸説あるが，1950年代の初期に伝わり，ここから1950年代半ばには，一気に国内に広がり日本のカウンセリングの軸となって大きく展開していった。1960年代には，来談者中心療法の理論がカウンセリングの大きな位置を占めロジャーズブームとなり，その流れは続いていくこととなる。

　ロジャーズは，1960年代からクライエントだけにとどめずに対象をより広くし，集中的グループ体験である「エンカウンター・グループ」を始めた。1970年代には，個人からグループに対象を移したロジャーズは，人間と人間関係の心理的成長に対するアプローチを「人間中心療法（パーソン・センタード・アプローチ：person-centered approach）」と名づけた。

表 10-4　来談者中心療法の発展の流れ

年　代	療　法	発　展
1940年代	非指示的療法	
1950年代	来談者中心療法	日本に広まる
1960年代	エンカウンター・グループ	日本におけるロジャーズブーム
1970年代	パーソン・センタード・アプローチ	カウンセリングの軸となる

(2) 来談者中心療法の目的

ロジャーズは『カウンセリングと心理療法』(Rogers, 1942) のなかで,今まで「治療」としてとらえられていたカウンセリングを,根底から覆した。治療ではないため,「患者」ではなく「クライエント」と初めて呼称したのもロジャーズである。

著書には,「もしもカウンセラーが問題解決の手助けをするならば,これこれの結果が生じるだろうと期待するよりもむしろ,人間がより大きな自立と統合へ向かう方向を直接的にめざすものである」と述べられており,カウンセリングにおいて注目すべき「焦点は,問題にではなく人にある」として,「問題解決」型の治療からクライエント(来談者)が主体となり「自己成長」をめざすものであるとした。カウンセラーが問題を見つけ解決に導くのではなく,クライエント自らがもっているとされる答えを導きだすことが目的になる。それは,「問題は何か,どう解決したらよいかについて,最もよく知っているのは,クライエント自身である。したがってセラピストはクライエントに何かを教える必要はない。クライエントの体験に心を寄せて,その体験を尊重することが重要である。このような『クライエント中心』の態度によって,クライエントは本来の力を十分に発揮し問題を解決していく」(越川,1999) とある。つまり来談者中心療法はカウンセラーの態度がクライエント自身に備わることによる自己概念の変容を目的としている。

表10-5 来談者中心療法と従来のカウンセリングとの違い

	従来のカウンセリング	来談者中心療法
呼称	患者	クライエント
軸	カウンセラー中心	クライエント中心
目的	問題解決	自己成長

2. 来談者中心療法の必要条件

来談者中心療法に必要なカウンセラーの態度は何であるだろうか。その必要条件が，自己一致，受容，共感的理解である。そしてその前提となるのが傾聴である（図10-5）。

(1) 傾聴

傾聴とは「聴く」ことであるが，「聞く」という漢字とは分けて使われる。同じ「きく」という行為であるが，それぞれ意味が違う。「聞く」には，声や音を耳で感じる，またその内容を知るという意味があり，漢字の形をみると門と耳でできており，扉に耳をあてて「聞いて」いる。扉の向こうにいる相手の声を一方的に聞いて情報を得ている状態である。その際，相手からの情報や感情は一方通行で，聞いている側の受動的な聞き方でしかなく，聞き手に都合のよい情報だけを記憶できる聞き方である。

それでは，傾聴で使われる「聴く」には，どのような意味があるのだろうか。「聴く」には耳のそばに心があり，心の上には徳の語源が使われている。自らを高めようとする心と精神力をもって相手の話をきき，きいたことを心で受けとめようとしている聴き方である。きき手の必要な情報やききたいことではなく，話し手が何を伝えようとしているのかを受けとめるという能動的な聴き方といえる。また，話された内容だけでなく，そこから話し手の感情や表面に出てこなかったことまでもきこうという姿勢のことである（図10-4）。

人は自分の話をすることで自己開示を行い，理解してもらえたと感じることで，他者に認めてもらいたいという承認欲求が満たされる。また自己の経験を言語メッセージとして伝えることにより，その経験が別の新しい事柄となり，自身の置かれ

「聞く」一方向

「聴く」双方向

図 10-4 「聞く」と「聴く」の違い

ている状況を改めて理解し，自己受容とともに，より深い自己理解が促され考えの整理につながる。また，聴いてもらうことにより自身の存在価値に気づくことで自己肯定感が高まるという効果があり，幼少期の自己肯定感の向上は問題行動の減少につながる重要な要素である。そのためカウンセラーは，クライエントの話を聴くことに徹し，カウンセラーの話やアドバイスをすることは良しとしない。

図10-5　来談者中心療法の必要条件

（2）自己一致

　自己一致とは，あるがままの自分とあるべき自分とが一致することである。たとえば，とても悲しくて泣きたいけれど，人前なので笑顔でいるようなときは，あるがままの自分（悲しくて泣きたい）とあるべき自分（笑顔でいる）にギャップがある。この状態を自己不一致といい，このギャップが少なくなるほど健全で，ギャップがまったくない状態が自己一致となる。

　人はだれしも他者や社会からの「理想のあるべき姿」にこたえようとしている。その期待を気にせずに，ありのままの自分を受け入れて行動することが自己一致といえる。

（3）受容

　「受容」とは，クライエントがどのような感情や態度を表出しても，クライエントに対してすべてを真摯に無条件に受けとめることである。すなわち，あるがまま

に相手を受けとめることである。

相手を受容する際に注意しなければいけないのが、先入観にとらわれないようにすることである。見た目や態度、自身の経験から推測した先入観をもってクライエントに接すると、思わぬ方向に話が進んだ場合などにカウンセラーが自己不一致状態に陥り、受容ができなくなる。カウンセラーには、先入観にとらわれず、いつでも無条件に肯定的でいるための純粋さが求められる。

（4）共感的理解

「共感的理解」とは、クライエントの内部的照合枠にあたる主観的な世界を、カウンセラーがそれをあたかも自分のものであるように感じることである。その際に、カウンセラーはクライエントの世界を自身のものと混同せずに、あくまであたかも自分のことのように、という理解を越えないように注意しなければならない。そして、共感した世界をクライエントに反映させることにより、クライエント自身の理解につなげるのである。クライエントの感情を理解するだけではなく、クライエントの感情を共有するという側面があり、人間関係においても重要な要素の1つであるといえる。これは、同情とはまったく違うものである。

また、共感は発達に必要な過程とされ、とくに親や保育者からの共感は、乳児期において重要な過程であり、ミラーリング（共感）は、母親と乳児の共感的理解につながる。たとえば、授乳は乳児にとっても、母にとっても喜びである。喜びの感情を共感することでお互いを認め合い受け入れる。自己形成過程のミラーリングは、重要な要素である。

図 10-6　親と子のミラーリング

3. 保育と来談者中心療法

来談者中心療法のきっかけとなったのは、ロジャーズが児童虐待防止協会で働いていたときの子どもとのカウンセリングであった。その子どもは暴力の問題を抱え

表10-6　ロジャーズのクライエント受容のための必要十分条件

①カウンセラーとクライエントは，心理的接触のコンタクトをもつ。
②クライエントは，自己不一致にあり不安状態である。
③カウンセラーは，自己一致にあり統合されている。
④カウンセラーは，クライエントに対して受容（無条件的肯定的関心）をもつ。
⑤カウンセラーは，クライエントの枠組みで共感的理解をする。
⑥カウンセラーは，受容（無条件的肯定的関心）と共感的理解をクライエントに伝える。

ており，解決が難しいと判断したために，その子どもの母親と面談を行うことになった。面談後，母親が部屋を出ようとしたときにふり返り，大人のカウンセリングはしていないのかと尋ねた。ロジャーズがしていると答えると，母親は椅子に座り直して，自分自身の結婚の問題や，失敗と混乱の気持ちを話しだした。こうして母親は自分が受容されていると感じ，その結果，子どものカウンセリングもよい方向に向かっていったのである。このことから，問題を有するクライエントに強圧的だったり意見を押しつけたりするのは，一次的な効果しか与えないことがわかる。クライエントのなかには，成長し成熟する動因と欲求があり，自己成長できる環境を整えれば，健康になれるとロジャーズは考え，ロジャーズ思想の出発点となった。

このロジャーズ思想のもととなったきっかけは，保育や子育て支援において，乳幼児になんらかの問題が生じた場合に応用できる気づきである。本人に対する支援だけではなく，その乳幼児のおかれている環境や周囲の人たちにも目を向け，広い視野をもって，その乳幼児に必要な環境を整えることが求められる。

第3節 認知行動療法

1. 認知行動療法とは

(1) 認知行動療法の基本となる考え方

　認知行動療法は，ロジャーズ（Rogers, C. R.）による来談者中心療法のように，個人によって体系化された心理臨床のアプローチではない。現在，認知行動療法とよばれているアプローチにはさまざまな理論的背景があり，実際に用いられる技法もさまざまである。しかし，それらを意味づける共通した枠組みが存在する。クライエントの現状や抱えている問題を「感情・身体反応－認知－行動」という3つの側面から理解しようという枠組みである。

　その枠組みのイメージを図10-7に示した。感情や身体反応とは，クライエントが日々感じている気持ちや，それにともなう身体的な生理反応のことをさす。たとえば，うつ病のクライエントでいえば，気持ちが落ち込んでゆううつであり，食欲がなくて眠りも浅く，身体が重く感じられるといった側面である。認知とは，クライエントが自身や身のまわりのことをどのように受けとめているかということである。うつ病のクライエントであれば，生活にうまく適応できていない自分はだめな人間だ，まわりの人間に迷惑をかけて申し訳ないと感じていたりする。行動とは，客観的に観察できるようなクライエントの行為やその結果をさす。うつ病のクライエントでいえば，仕事の遅れを取り戻そうと重い身体にむち打って無理をするが，結局思うようにはいかない，といったことである。

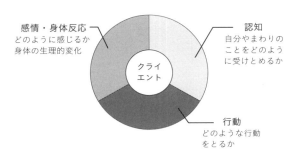

図10-7　認知行動療法の基本的枠組み

そして、この3つの側面は無関係ではなく、お互いに影響を及ぼしあっている。うつ病の場合には、遅れを取り戻そうと無理をしてもうまくいかず、そんな自分をさらに否定的に受けとめることで気持ちが落ち込み、疲労もたまっていくといったような悪循環がみられる。認知行動療法では、このような関連しあう3つの側面から問題を理解し、その関連性を利用して問題の解決を図ろうとする。具体的には、3つの側面のうちどれか1つを適応的に変えられるように働きかけることによってよい循環を生み、問題を解決しようとするのである。そして、3つの側面のうちまずどの部分に働きかけるかによって、さまざまな技法が用いられる。

(2) 認知を変えることをめざす

うつ病の治療に取り組んだベック（Beck et al., 1979）の認知療法やエリス（Ellis & Harper, 1975）の論理療法といった技法が代表的である。エリスの論理療法では、表10-7のようなABCDE理論をもとにしている。クライエントは、落ち込みや悩みの原因となる「出来事」A（Antecedent event: 起こっている出来事）に対して、「偏った見方」であるB（Belief: 信念）をもってとらえてしまうため、不適応的な「結果」C（Consequence: 結果）につながる。そこで、Bに対する反論となる見方であるDをもてるように援助することで、「適応的な変化」E（Effect：効果）がもたらされる。カウンセリングの場面では、クライエントにとって「新たな見方」であるD（Dispute: 反論）が身につけられるよう、カウンセラーがクライエントの現状や問題をABCDEの枠組みを使ってともに整理することから始める。そして、課題への取り組みなどを通して日常生活のなかでも自然に新たな見方Dがもてるように援助していく。生活のなかで新たな見方Dができるようになれば、否定的

表 10-7 論理療法における ABCDE 理論の例

A：出来事	B：信念	C：結果	D：反駁	E：効果
	不合理な信念	気持ちや考え	合理的な信念	気持ちの変化
仕事が忙しくなり，家事や育児が完璧にできない。	仕事，家事，育児を完璧にこなすのがよい母親だ。	私はダメな母親だ。うまくやっていく自信がない。	常に完璧な人間はいない。忙しければできないのが普通。	できない部分は人の手も借りつつ，自分なりにがんばろう。

な出来事を体験してもあまり落ち込まずにいられるようになり，「適応的な変化」Ｅも可能になっていく。

（3）行動を変えることをめざす

　心理学における学習理論を基礎とした行動療法，たとえばウォルピ（Wolpe, 1958）が考案した系統的脱感作法や，トークンエコノミー法，モデリングなどの技法が代表的である。系統的脱感作法は，学習理論の１つであるレスポンデント条件づけの考え方を基礎にしている。たとえば，図10-8のように，Ａ先生のいる教室に入るのがこわいという子どもの反応（条件反応）は，Ａ先生（条件刺激）による過度の叱責（無条件刺激）が合わさったことで起こったと解釈できる。そこで，安心できる存在であるＢ先生（新たな無条件刺激）に抱っこしてもらいながらＡ先生（条件刺激）のいる教室に入ることを繰り返していくと，やがて教室に入る恐怖心が薄れ，安心して過ごせるようになる（新たな条件反応）。なお，この取り組みは最初から教室に入るのではなく，まずは抱っこされながら職員室を出る，廊下を歩く，まず教室の入り口の前まで来る，といったように段階的に行われる。このように，教室へ入るという行動ができるように援助を行い，その経験の積み重ねに

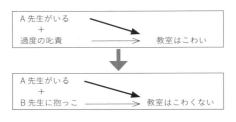

図 10-8　系統的脱感作法の考え方の例

よって「教室はこわいところ」という認知が修正され，教室内での恐怖心がやわらいでいくのである。

（4）感情や身体反応を変えることをめざす

腹式呼吸や漸進的筋弛緩法（Jacobson, 1929），自律訓練法（Schultz, 1932）などのリラクセーション法がよく用いられる。これらはリラクセーションに関わる副交感神経系の活動を高めることによって，意図的にリラックスした状態をつくり出す方法である。たとえば，クラスの子どもの前で発表するのは緊張してうまく話せなくなるので苦手，やりたくないという子どもに対して，落ち着ける方法として腹式呼吸の方法を教える。そして，発表前に実践させてみると，緊張感がやわらぎ，思ったよりもうまく話すことができたという行動の変化がもたらされ，さらにあまり苦手ではなくなったという認知の変化にもつながるのである。

2. 保育や子育て支援における認知行動療法

認知行動療法は，幼児を対象にそのまま適用することは難しいが，そのエッセンスを保育に生かすことは可能である。たとえば，認知行動療法で実際に行われる取り組みの1つに，セルフ・モニタリングがある。人間は，日常生活のなかで無意識に行っている行動や思考について記録をつけるなど，意識化する取り組みを行うと，客観的にみることができるようになり，そこから変化への動機づけが生まれることがある。そして，自己や環境への認識が育っていく幼児期においても，セルフ・モニタリングは有効な刺激になると考えられる。大阪府人権教育研究協議会（2015）

では，子どものさまざまな感情表現をまとめた「いま，どんなきもち？」というポスターなどの教材を作成しており（図10-9），保育の現場で活用されている。たとえば，子どもたちの目につきやすい場所にポスターを掲示し，その時々の子どもの気持ちを尋ねることは，子どもが自身の感情を認識する手助けになるだろう。日常的に取り組むことで，子ども自身が「この感情を答えることが多いな」と気づくことができれば，客観的なセルフ・モニタリングの第一歩である。

図10-9 「いま，どんなきもち？」ポスター
（大阪府人権教育研究協議会，2015）

また，子育て支援の場においては，「感情・身体反応－認知－行動」の枠組みを用いて保護者を理解したり，支援の指針を考えたりすることもできる。たとえば，送り迎えで言うことをきかない子どもにイライラしていた母親が，保育者の「Aくんは好奇心いっぱいでいつも目がキラキラしていますね」という言葉によって子どもの見方が変わるということもあるだろう。この母親の変化を整理すると，図10-10のようになる。タイミングや内容によっては，保育者のさりげない一言であっても，保護者の認知を変えられる可能性がある。

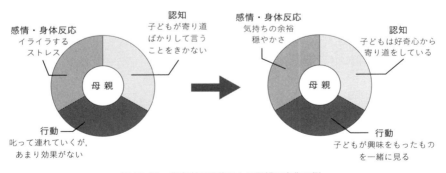

図10-10 保育者の言葉による母親の変化の例

Column 10

発達障害とSST

　発達障害をもつ子どもは，障害の特性により，集団で過ごす保育所・幼稚園での生活に適応しづらいことが多くあります。こうした問題に対し，「社会的，対人的な場面において円滑な人間関係を成立させ，いわばうまくつきあっていくことができるために必要な社会的，対人的技術」（坂野，1995）である社会的スキルを身につけるためのSST（社会的スキル訓練）を行うことによって，園生活への適応が改善される可能性があります。SSTでは，個別もしくは同じ課題を抱える子どもたちの集団を対象に，さまざまな活動を通して問題となる場面でどのように行動すればよいかを学ばせていきます。五十嵐（2005）では，発達障害の子どもたちを対象にグループでゲームなどに取り組み，その経験を通して衝動性の制御やルールを守ることなど，対人場面において必要なスキルを学ばせる取り組みの事例が紹介されています。集団場面でトラブルを起こさないようなスキルを身につけていくという行動の変化を体験することで，集団に対する苦手意識といった認知，クラスは楽しくないといったネガティブな感情も変化していくことが期待されます。

引用・参考文献

■第 1 章

Erikson, E. H. (1959). *Identity and the life cycle.* International Universities Press.　小此木啓吾（訳編）(1973).　自我同一性：アイデンティティとライフ・サイクル　誠信書房

Havighurst, R. J. (1953). *Human development and education.* New York: Longman.　荘司雅子（訳）(1958).　人間の発達課題と教育　玉川大学出版部

巷野悟郎 (1982). 小児科相談室 正しい育児の知識を教える　同文書院

Meltzoff, A. N. & Moore, M. K. (1977). Imitation of facial and manual gestures by human neonates, *Science*, **198**, 75-78.

永野重史・依田　明 (1984). 乳幼児心理学入門　新曜社

Portmann, A (1951). *Biologicshe Fragmente zu einer Lehre vom Menschen.* Basel: Verlag Benno Schwabe & Co.　高木正孝（訳）(1961). 人間はどこまで動物か：新しい人間像のために　岩波新書

Rorenz, K. Z. (1988). *King Solomons's ring.* Peter Smith Pub Inc. 日高敏隆（訳）(1987).　ソロモンの指環 動物行動学入門　早川書房

Shirley, M. M. (1933). *The first two years: A study of twenty five babies.* The University of Minnesota press.

■第 2 章

安藤寿康 (2000). 心はどのように遺伝するか　講談社

東　洋 (1969)．知的行動とその発達　桂　広介・園原太郎・波多野完治・山下俊郎・依田　新（監修）児童心理学講座 4　認識と言語　金子書房　pp. 1-22.

Bayley, N. & Schafer, E. S. (1964). Correlations of maternal and child behaviors with the development of mental abilities: Data from the Berkeley growth study. *Monographs of the Society for Research in Child Development*, **29**, 1-8.

Blakemore, C. & Cooper, G. F. (1970). Development of the brain depends on the visual environment. *Nature*, **228**, 447-448.

Bruner, J. S. (1960). *The process of education.* Cambridge: Harvard University Press.　鈴木祥三・佐藤三郎（訳）(1963). 教育の過程　岩波書店

Chiao, J. Y., Cheon, B. K., Pornpattanangkul, N., Mrazek, A. J., & Blizinsky, K. D. (2013). Cultural neuroscience: Progress and promise. *Psychological Inquiry*, **24**(1), 1-19.

Chomsky, N. (1957). *Syntactic structures.* The Hague/Paris: Mouton.　福井直樹・辻子美保子（訳）(2014). 統辞構造論　岩波書店

Chomsky, N. (1965). *Aspects of the theory of syntax.* MIT Press.

Eysenck, H. J. (1967). *The biological basis of personality.* Charles C. Thomas: Springfield.　梅津耕作・祐宗省三他（訳）(1973). 人格の構造：その生物学的基礎　岩崎学術双書

Gardner, R. A. & Gardner, B. T. (1969). Teaching sign language to a chimpanzee. *Science*, **165**, 664-672.

Gesell, A. (1940). *The first five years of life*. Harper & Brothers. 山下俊郎（訳）(1966). 乳幼児の心理学：出生より5歳まで　家政教育社

Gesell, A. & Thompson, H. (1929). Learning and growth in identical infant twins. *Genetic Psychology Monographs*, **6**, 1-123.

Gottschaldt, K. (1939). *Erbpsychologie der Elementarfunktionen der Begabung*. Justs Handbuch der Erbbiologie des Menschen.

Han, S., & Northoff, G. (2008). Culture-sensitive neural substrates of human cognition: A transcultural neuroimaging approach. *Nature Reviews: Neuroscience*, **9**, 646-654.

Hayes, C. (1951). *The ape in our house*. New York: Harper & Row. 林　寿郎（訳）(1971). 密林から来た養女を育てる　法政大学出版会

Held, R. & Hein, A. (1963). Movement-produced stimulation in the development of visually guided behavior. *Journal of Comparative and Physiological Psychology*, **56**, 872-876.

Hilgard, J. R. (1932). Learning and maturation in preschool children. *The Journal of Genetic Psychology*, **41**, 36-56.

Jensen, A. (1969). *How much can we boost IQ and scholastic achievement?* In Harvard Educational Review.

Jensen, A. R. (1968). Social class, race and genetics: Implications for education. *American Educational Research Journal*, **5**, 1-42.

Kellog, W. N. (1933). *The ape and the child*. New York: McGraw-Hill.

黒田実郎 (1972). 才能教育 その功罪と考え方　創元新書

Linden, E. (1974). *Ape, men and language*. New York: Russell & Volening, Inc. 杉山幸丸・井深允子（訳）(1978). チンパンジーは語る　紀伊国屋書店

Luxenburger, H. (1937). Eugenische Prophylaxes. (Kurzer abriss der Psychiatrischen erblehre und Erbgesundheitspflege.) E. Bleuler (Ed.), *Lehrbuch der Psychitrie*. Berlin: J. Springer. pp. 130-178.

Markus, H. R. & Kitayama, S. (1991). Culture and the self: implications for cognition, emotion, and motivation. *Psychological Review*, **98**, 224-253.

Masuda, T. & Nisbett, R. E. (2001). Attending holistically versus analytically: Comparing the context sensitivity of Japanese and Americans. *Journal of Personality and Social Psychology*, **81**, 992-934.

Mead, M. (1935). *Sex and temperament in three primitive societies*. New York: Harper Perennial.

Piaget, J. (1950). *The psychology of intelligence*. Harcourt, Brace. 波多野完治・滝沢武久（訳）(1960). 知能の心理学　みすず書房

Premack, A. J. (1976). *Why chimps can read by*. New York: Harper & Row. 中野尚彦（訳）(1985). チンパンジー読み書きを習う　思索社

Reinöhl, F. (1937). *Die Vererbung der geistigen Begabung*. Lehmanns, Mchn.

Riesen, A. H. (1947). The development of visual perception in man and *chimpanzee*. *Science*, **106**, 107-108.

相良守次・詫摩武俊 (1957). 双生児法による要求水準，学習の転移及び知能に関する実験的研究　心理学研究, **28**, 282-285.

Savage-Rumbaugh, E. S. (1986). *Ape language: From conditioned response to symbol*. New York: Columbia University Press. 小島哲也（訳）(1992). チンパンジーの言語研究：シンボルの成立とコミュニケーション　ミネルヴァ書房

Spearman, C. (1904). "General Intelligence," objectively determined and measured. *American Journal of*

Psychology, **15**, 201-293.

Stern, W. (1938). *General psychology from the personalistic standpoint.* (H. Spoerl Trans.) New York: Macmillan.

Symonds, P. M. (1939). *The psychology of parent-child relationships.* Appleton-Century-Crofts.

詫摩武俊 (1967). 性格の理論　誠信書房

Thomas, A. & Chess, S. (1984). Genesis and evolution of behavioral disorders: From infancy to early adult life. *The American Journal of Psychiatry,* **141**, 1-9.

内田伸子 (1989). 物語ることから文字作文へ：読み書き能力の発達と文字作文の成立過程読書科学，**33**, 10-24.

Vygotsky, L. S. (1956). *Мышление и речь：Психика, сознание, Бессознательное.* Moscow: Izdatel'stovo APNRSFSR.　柴田義松（訳）(1962). 思考と言語　明治図書

Wilson, R. S. (1983). The Louisville twin study: Developmental synchronies in behavior. *Child Development,* **54**(2), 298-316.

依田　明・深津千賀子 (1963). 出生順位と性格　教育心理学研究，**11**, 239-246.

■第3章

Baillargeon, R. (1987). Object permanence in 3 1/2-and 4 1/2-month-old infants. *Developmental Psychology,* **23**(5), 655-664.

Baillargeon, R., Kotovsky, L., & Needham, A. (1995). The acquisition of physical knowledge in infancy In D. Sperber, D. Premack & A. J. Premack (Eds.), *Causal cognition: a multidisciplinary debate.* Oxford: Clarendon Press.

Carey, W. B. & McDevitt, S. C. (1978). Revision of the infant temperament. *Journal of Pediatrics,* **61**, 735-739.

Fantz, R. L. (1961). The origin of form perception. *Scientific American,* **204**, 66-72.

Fullard, W., McDevitt, S. C., & Carey, W. B. (1984). Assessing temperament in one-to three-year-old children. *Journal of Pediatric Psychology,* **9**, 205-217.

今泉友一・原　仁・山口規容子・福山幸夫 (1993). 新生児期の行動と乳児期の気質の関連性についての研究　東京女子医科大学雑誌，**63**, 141-144.

Kretschmer, E. (1921). *Körperbau und Charakter. Untersuchungen zum Konstitutionsproblem und zur Lehre von den Temperamenten. Springer Berlin.*　斎藤良象（訳）(1944). 体格と性格　肇書房

草薙恵美子・星　信子・陳　省仁・安達真由美・高村仁知・大石　正 (2014). 子どもの気質発達についての学際的研究　國學院大學北海道短期大学部紀要，**31**, 11-277.

Meltzoff, A. N. & Moore, M. K. (1994). Imitation, memory, and the representation of persons. *Infant Behavior and Development,* **17**, 83-99.

宮城音弥 (1960). 性格　岩波書店

水野里恵・本城秀次 (1998). 幼児の自己抑制機能：乳児期と幼児期の気質との関連　発達心理学研究，**9**, 131-141.

水野里恵・本城秀次・阿喰みよ子・永田雅子・五藤弓枝・幸　順子・西出隆紀 (1994). 子どもの気質と母親の育児不安　日本教育心理学会総会発表論文集

斎藤早香枝 (1998). 子どもの気質に関する母親の認識と母子愛着関係　北海道大学医療技術短期大学部紀要，**11**, 19-25.

Sanson, A., Prior, M., & Gario, E. (1987). The structure of infant temperament: factor analysis of the revised infant temperament questionnaire. *Infant Behavior and Development*, **10**, 97-104.

Spelke, E. S. (1991). Physical knowledge in infancy. In S. Carey & R. Gelman (Eds.), *Epigenesis of mind: Essays on biology and knowledge*. Hillsdale, NJ: Erlbaum.

Spelke, E. S., Phillips, A., & Woodward, A. L. (1995). Infants' knowledge of object motion and human 59 action. In D. Sperber, D. Premack, & A. J. Premack (Eds.), *Causal cognition: A multidisciplinary debate* (pp.44-78). Oxford: Clarendon Press.

菅原ますみ・島　悟・戸田まり・佐藤達哉・北村俊則 (1994). 乳幼児期にみられる行動特徴：日本語版 RITQ および TTS の検討　教育心理学研究．**42**, 315-323.

Thomas, A. & Chess, S. (1977). *Temperament and development*. New York: Brunner/Mazel.

Wynn, K. (1992). Children's acquisition of number words and the counting system. *Cognitive Psychology*, **24**, 220-251.

■第 4 章

Bertenthal, B. J., Campos, J. J., & Haith, M. M. (1980). Development of visual organization: The perception of subjective contours. *Child Development*, **51**, 1072-1080.

Bransford, J. D. (1972). Contextual prerequisites for understanding: Some investigations of comprehension and recall. *Journal of Verbal Learning and Verbal Behavior*, **11**, 717-726.

Cherry, E. C. (1953). Some experiments on the recognition of speech, with one and with two ears. *The Journal of the Acoustical Society of America*, **25**, 975-979.

Diamond, A. (2002). Normal development of prefrontal cortex from birth to young adulthood: cognitive functions, anatomy, and biochemistry. In D. T. Stuss, R. T. Knight (Eds.), *Principles of Frontal Lobe Function*. London: Oxford Univ. Press.

Elkind, D., Koegler, R. R., & Go, E. (1964). Studies in perceptual development: II. Part-whole perception. *Child Development*, **35**, 81-90.

Fantz, R. L. (1961). The origin of form perception. *Scientific American*, **204**, 66-72.

Friedman, P. N., Miyake, A., Young, E. S., DeFries, C. J., Corley, P. R., & Hewitt, K. J. (2008). Individual differences in executive functions are almost entirely genetic in origin. *Journal of Experimental Psychology: General*, **137**, 201-225.

Gregory, L. R. (1970). *Intelligent eye*. London: Weidenfeld & Nicolson.　金子隆芳（訳）(1972). インテリジェント・アイ　みすず書房

Haith, M., Hazan, C., & Goodman, G. S. (1988). Expectation and anticipation of dynamic visual events by 3.5-month-old babies. *Child Development*, **59**, 467-479.

範　例・小林久男 (2007). 健常児と自閉症児の実行機能の発達：次元の異なるカード分類課題による検討　埼玉大学紀要教育学部, **56**(1), 109-118.

池上貴美子 (1988). 乳幼児の知覚の発達　佐々木保行（編）　乳幼児心理学　日本文化科学社

岩城俊之 (2005). 新版 子どもが落ち着ける 7 つのポイント：保育の環境づくり　三学出版

Kagan, J., Moss, H. A., & Siegel, I. E. (1963). The psychological significance of styles of conceptualization. In J. F. Wright & J. Kagan (Eds.), Basic cognitive processes in children. *Monographs of the Society for Research in Child Development*, **28**,(2), 73-112.

Kanizsa, G. (1955). Margini quasi-percettivi in campi con stimolazione omogenea. *Rivista di Psicologia*, **49**(1), 7-30.

Kellman, P. J. & Spelke, E. S. (1983). Perception of partly occluded objects in infancy. *Cognitive Psychology*, **15**, 483-524.

Maurer, D. & Salapatek, P. (1976). Developmental changes in the scanning of face by young infants. *Child Development*, **47**, 523-527.

Meltzoff, A. N. & Borton, R. Q. (1979). Intermodal matching by human neonates. *Nature*, **282**, 403-404.

Müller-Lyer, F. C. (1889). Optische Urteilstäuscheungen. *Archiv für Physiologie*, Suppl, 263-270.

Piccolo 2015年4月号（No.391）学研教育みらい

Siegler, R. S. (1986). *Children's Thinking*. New Jersey: Prentice-Hall.　無藤　隆・日笠摩子（訳）(1992). 子どもの思考　誠信書房

下條信輔・Held, R.　(1983). 乳児の視力発達　基礎心理学研究, **2**, 55-67.

Stroop, J. R. (1935). Studies of interference in serial verbal reactions. *Journal of Experimental Psychology*, **18**, 643-662.

山口真美・金沢　創 (2008). 赤ちゃんの視覚と心の発達　東京大学出版会

■第5章

Atkinson, R. C. & Shiffrin, R. M. (1968). Chapter: Human memory: A proposed system and its control processes. In K. W. Spence & J. T. Spence, *The psychology of learning and motivation* (Vol. 2). New York: Academic Press. pp.89-195.

Appel, L. F., Cooper, R. G., McCarrell, N., Sims-Knight, J., Yussen, S. R., & Flavell, J. H. (1972). The development of the distinction between perceiving and memorizing. *Child Development*, **43**, 1365-1381.

Baddeley, A. D. & Hitch, G. (1974). Working memory. In G. H. Bower (Ed.), *The psychology of learning and motivation: Advances in research and theory* (Vol. 8). New York: Academic Press. pp.47-89.

Brown, A. L. (1978). Knowing when, where, and how to remember. In R. G. Glaser (Ed.), *A problem of metacognition*. Lawrence Erlbaum Associate.　湯川良三・石田裕久（訳）(1984).　メタ認知：認知についての認知　サイエンス社

Craik, F. & Lockhart, R. (1972). Levels of processing: A framework for memory research. *Journal of Verbal Learning & Verbal Behavior*, **11**, 671-684.

DeCaspar, A. J. & Spence, M. J. (1986). Prenatal maternal speech influences newborn' perception of speech sound. *Infant Behavior and Development*, **9**, 133-150.

Flavell, J. H., Beach, D. H., & Chinsky, J. M. (1966). Spontaneous verbal rehearsal in a memory task as a function of age. *Child Development*, **37**, 283-299.

Flavell, J. H., Friedrichs, A. G., & Hoyt, J. D. (1970). Developmental changes in memorization processes. *Cognitive Psychology*, **1**, 324-340.

Godden, D. R. & Baddeley, A. D. (1975). *Context-dependent memory in two natural environments: On land*

and underwater. *British Journal of Psychology*, **66**, 325-331.

Justice, E. M. (1985). Preschoolers' knowledge and use of behaviors varying in strategic effectiveness. *Merrill-Palmer Quarterly*, **35**, 363-377.

Neinmark, E., Slotnick, N. S., & Ulrich, T. (1971). Development of memorization strategies. *Developmental Psychology*, **5**, 427-432.

Pascual-Leone, J. & Baillargeon, R. (1994). Developmental measurement of mental attention. *International Journal of Behavioral Development*, **17**, 161-200.

Rovee-Collier, C. K., Sullivan, M. W., Enright, M., Lucas, D., & Fagen, J. W. (1980). Reactivation of infant memory. *Science*, **208**, 1159-1161.

Tulving, E. & Thomson, D. (1973). Encoding specificity and retrieval processes in episodic memory. *Psychological Review*, **80**, 352-373.

■第6章

Cartwright, D. & Zunder, A. (1960). *Group Dynamics:research and theory* (2nd ed). Peterson & Co.
榎沢良男・入江礼子（編）（2009）．　保育内容　人間関係　建帛社　p.134
林　洋一（監修）（2005）．やさしくわかる発達心理学　ナツメ社
林　洋一（監修）（2010）．史上最強図解　よくわかる発達心理学　ナツメ社
狩野素朗 (1995). 集団の構造　狩野素朗（編著）対人行動と集団　ナカニシヤ出版
前原武子（編）（2008）. 発達支援のための生涯発達心理学　ナカニシヤ出版
森上史朗・小林紀子・渡辺英則（編）（2009）. 保育内容人間関係　ミネルヴァ書房　pp.67, 114-115.
西山　修 (2006). 幼児の人とかかわる力を育むための多次元保育者効力感尺度の作成　保育学研究, **44**(2), 150-159.
小田　豊・奥野正義（編）（2013）. 保育内容　人間関係　北大路書房　pp.39-40.
田中熊次郎 (1959). ソシオメトリーの理論と方法　明治図書出版
徳安　敦（編）（2013）. 人間関係　青踏社　pp.103-104.
塚本美知子・大沢　裕（編）谷田貝公昭（監修）（2013）. 人間関係　一藝社　p.153

■第7章

Albert, P. A. & Troutman, A. C. (1999). *Applied Behavior Analysis for Teachers* 5th ed. NJ, Merrill/Prentice Hall: Upper Saddle River.　佐久間徹・谷　晋二・大野裕史郎（訳）(2004). はじめての応用行動分析 日本語版第 2 版　二瓶社
Asperger, H.（1944）. Die 'Autistischen Psychopathen' im Kindesalter. Archiv für Psychiatrie und Nervenkrankheiten, **117**, 76-136.
服部照子・岡本雅子（編著）（2006）. 保育の心理学　ミネルヴァ書房
服部照子・隠岐厚美・岡本雅子（2007）. 神経心理学的にみた記憶機構についての一考察：ワーキングメモリと手続き記憶．ワーキングメモリと宣言的記憶を中心に　聖和大学論集　教育学系・人文学系 **3**, 5A・B, 151-155.
石川道子 (2015). そうだったのか！発達障害の世界：子どもの育ちを考えるヒント　中央法規出版
Johnson, D. J., & Myklebust, H. (1967). Learning disabilities: Educational principles and remedial ap-

proaches. NY: Grune & Stratton.

Kanner, L. (1943). Autistic disturbances of affective contact. Nervous Child, **2**, 217-250.

黛　雅子（編著）(2000). LD（学習障害）の国際比較研究：非言語性能力・心の理論課題の作成と日中比較　H12年度〜平成16年度私立大学学術研究高度化推進事業（「学術フロンティア推進事業」）研究成果報告　白百合女子大学発達臨床センター　V-13 − B16.

文部科学省 (2003). 今後の特別支援教育の在り方について（最終報告）

文部科学省 (2012). 通常学級に在籍する特別な配慮や支援が必要な児童生徒に関する全国実態調査

文部省 (1999). 学習障害児に対する指導について（報告）

森永良子 (2005). 診断と治療の最新理論：心理学の立場より　児童心理，**57**(1), 105-111.

牟田悦子 (2005). LD・ADHDの理解と支援　有斐閣

Myklebust, H. R. (1968). Learning disabilities: Definition and overview. In H. R. Myklebust (Ed.), Progress in learning disabilities. Vol1. New York: Grune & Stratton.

隠岐厚美 (2008). LDサブタイプ論：PRSによる類型化　文教資料協会

Rutter, M. (1968). Concepts of autism: A review of research. *Journal of Child Psychology and Psychiatry*, **9**(1), 1-25.

東條吉邦・大六一志・丹野義彦 (2010). 発達障害の臨床心理学　東京大学出版会

上野一彦 (2002). これからのLD教育はどうなるのか：次の10年を展望する　LD研究，**11**(3), 220-226.

上野一彦 (2005). 今改めてLDを考える：軽度発達障害と特別支援教育　LD研究，**14**(3), 244-251.

■第8章

原田正文 (2006). 子育ての変貌と次世代育成支援　名古屋大学出版会

林　洋一（監修）(2010). 史上最強 図解 よくわかる発達心理学　ナツメ社

Home start japan HP　http://www.homestartjapan.org/.（2015年12月6日閲覧）

経済企画庁 (1997). 平成9年度国民生活先好度調査

小泉吉永 (2007).「江戸の子育て」読本世界が驚いた！「読み・書き・そろばん」と「しつけ」　小学館

厚生労働省 (2015a). 平成26年人口動態統計

厚生労働省 (2015b). 平成27年版厚生労働白書

厚生労働省 (2015c). stop! マタハラ　リーフレット

前原武子（編）(2008). 発達支援のための生涯発達心理学　ナカニシヤ出版

内閣府 (2002). 平成13年度　国民生活白書　http://www5.cao.go.jp/seikatsu/whitepaper/h13/0326wp-seikatsu-s.pdf（2016年3月22日閲覧）

内閣府 (2008). 社会意識に関する世論調査

内閣府 (2012). 男女共同参画白書平成24年版

内閣府 (2013). 策の概況平成25年度年版少子化社会対策白書

内閣府 (2015). 平成27年度年版少子化社会対策白書

内閣府・文部科学省・厚生労働省 (2013). 子ども・子育て関連3法について

Nobody's Perfect japan HP　http://homepage3.nifty.com/NP-Japan.（2015年12月6日閲覧）

岡野禎治・宗田　聡 (2006). 産後うつ病ガイドブック：EPDSを活用するために　南山堂

大日向雅美 (1988). 母性の研究　川島書店

大日向雅美 (1999). 子育てと出会うとき　日本放送出版協会
大日向雅美 (2002). 育児不安とは何か：発達心理学の立場から　こころの科学，**103**, 10.
プチタンファン編集部（編）(1996).「読んでくれて，ありがとう」：ここに192人のママがいる　婦人生活社
プチタンファン編集部（編）(2001). 続「読んでくれて，ありがとう」：ここにもうひとりのあなたがいる　婦人生活社
Save the Children Japan HP　http://www.savechildren.or.jp（2015年12月6日閲覧）
瀬地山葉矢 (2009). 産褥期のメンタルヘルス　本城秀次（編）よくわかる子どもの精神保健　(p.169) ミネルヴァ書房
瀬々倉玉奈 (2012). 乳幼児期の子育て教室におけるスクイグル法応用の試み：親子の前言語・非言語的コミュニケーションの疑似体験　国際幼児教育研究，**20**, 25-38.
瀬々倉玉奈 (2013). 子育て教室における養育者間スクイグルと託児：親子分離の逆説的効果　FOUR WINDS乳幼児精神保健学会誌，**6**, 36-47.
瀬々倉玉奈 (2014). 第1章 第1節 母子保健の目的の変遷と心理職の役割の変遷　母子保健における臨床心理学的アプローチの応用：子育ち・子育て支援と援助環境の心理アセスメント　神戸大学大学院博士学位論文　pp.10-15.
菅　佐和子 (1998). 山のかなたの空遠く 女の場合　氏原　寛・菅　佐和子（編）思春期のこころとからだ　ミネルヴァ書房　pp.25-51.
高橋種昭（編著）(1998). 育児不安　栄光教育文化研究所
田中千穂子 (1998). 子育て不安の心理相談　大月書店
机　美鈴 (2015). マタニティーマーク10年,世間の反感に自粛する妊婦ら　朝日新聞（2015年10月17日）
和田秀樹 (2001). 虐待の心理学　KKベストセラーズ
Winnicott, D. W. (1971). *Consultations in child psychiatry*. The Hogarth Press Ltd. 橋本雅雄（監訳）(1987). 子どもの治療相談①・②　岩崎学術出版社
吉田敬子 (2000). 母子と家族への援助：妊娠と出産の精神医学　金剛出版
吉田敬子・山下　洋・鈴宮寛子 (2005). 産後の母親と家族のメンタルヘルス：自己記入式質問票を活用した育児支援マニュアル　母子保健事業団

▶ **Column 7**

フィンランド大使館HP　http://www.finland.or.jp/Public/default.aspx?contentlan=23&culture=ja-JPI（2015年12月6日閲覧）
Save the Children Japan HP　http://www.savechildren.or.jp（2015年12月6日閲覧）

■**第9章**

Bruner, J. S. (1986). *Actual minds, possible worlds*. Cambridge. MA: Harvard Univrersty Press.
Devries, R. & Zan, B. S. (1994). *Moral classrooms, moral children: Creating a Constructivist Atmosphere in Early Education*. New York, N.Y.: Teachers College Press.　橋本祐子・加藤泰彦・玉置哲淳（監訳）(2002). 子どもたちとつくりだす道徳的なクラス：構成論による保育実践　大学教育出版
Granott, N. (1993). Patterns of interaction in the co-construction of knowledge: Separate minds, joint

efforts, and weird creatures. In R. H. Wozniak & K. W. Fischer (Eds.), *Development in Context*. Hillsdale, NJ: LEA.

Hatano, G. & Inagai, K. (1991). Sharing cognition through collective comprehension activity. In L. B. Resnick, M. Levine & S. D. Teasley (Eds.), *Perstectives on socially shared cognition*. American Psychological Association

カミイ，C.・加藤泰彦（編著）(2008). ピアジェの構成論と幼児教育Ⅰ：物と関わる遊びをとおして　大学教育出版

神谷栄司 (2007). 保育のためのヴィゴツキー理論：新しいアプローチの試み　三学出版

Lave, J. & Wenger, E. (1991). *Situated learning: Legitimate peripheral participation.* Cambridge, MA: Cambridge University Press.

明神もと子 (2003). はじめて学ぶヴィゴツキー心理学　新読書社

富田久枝 (2009). 保育カウンセリングの原理　ナカニシヤ出版

内田伸子 (2008). 幼児心理学への招待（改訂版）　子どもの世界づくり　サイエンス社

Vygotsky, L. S. (1935). *Умственное развитие ребенка в процессе обучения.*　土井捷三・神谷栄司（訳）(2003).「発達の最近接領域」の理論：教授・学習過程における子どもの発達　三学出版

Vygotsky, L. S. (1956). *Мышление и речь：Психика, сознание, Бессознательное.* Moscow: Izdatel'stovo APNRSFSR.　柴田義松（訳）(1962). 思考と言語　明治図書

Vygotsky, L. S. (1980). *Mind in society: Development of higher psychological processes.* Cambridge, Mass: Harvard University Press.

■第10章

荒牧美佐子・安藤智子他 (2006). 幼稚園における子育て支援の利用状況（第2報）　お茶の水大学子どもの発達教育研究センター紀要，**3**, 9-16.

Beck, A. T., Rush, A. J., Shaw, B. F., & Emery, G. (1979). *Cognitive therapy of depression.* New York: Guilford Press.　坂野雄二（監訳）神村栄一・清水里美・前田基成（共訳）(2007). 新版 うつ病の認知療法　岩崎学術出版社

Ellis, A. & Harper, R. A. (1975). *A new guide to rational living.* Upper Saddle River, NJ: Prentice Hall.　北見芳雄（監修）國分康孝・伊藤順康（訳）(1981). 論理療法：自己説得のサイコセラピイ　川島書店

石垣恵美子・玉置哲淳（編）(1993). 幼児教育過程論入門　建帛社

Jacobson, E. (1929). *Progressive Relaxation.* Chicago: The University of Chicago Press.

Holloway, S. D. (2000). *Contested Childhood: Diversity and Change in Japanese Preschools.* New York, N.Y.: Routledge.　高橋　登・南　雅彦他（訳）(2004). ヨウチエン　北大路書房

小池由佳 (2003).「子育て支援」の二つの側面　県立新潟女子短期大学研究紀要，**40**, 33-42.

國分康孝 (1980). カウンセリングの理論　誠信書房

越川房子 (1999). クライエント中心療法　有斐閣

文部省 (1993). 保育技術専門講座資料

中谷奈津子 (2003). 母親と子育て支援職のかかわりの道筋　庭教育研究所紀要，**25**, 67-79.

中山　巌 (1992). カウンセリング・マインドを生かした教師の指導（Ⅱ）　佐賀大学研究論文集 **42**(2),

171-177.

野島正剛 (2005). 保育者のソーシャルワーク，カウンセリングと家族支援　上田女子短期大学紀要，**28**, 41-50.

大阪府人権教育研究協議会 (2015). いま，どんなきもち？　大阪府人権教育研究協議会（大人教）ホームページ　2015年9月9日　http://homepage3.nifty.com/daijinkyo/kyozai/page.htm（2015年12月10日閲覧）

Rogers, C. A. (1942). *Counseling and Psychotherapy : Newer Concepts in Practice.* 　末武康弘・保坂　亨・諸富祥彦（訳）(2005). カウンセリングと心理療法—実践のための新しい概念　岩崎学術出版社

Schultz, J. H. (1932). *Das autogene Training : konzentrative Selbstentspannung; Versuch einer klinisch-praktischen Darstellung.*   Leipzig : Georg Thieme.

清水敦彦・齋藤　崇 (1995). 援助的な保育者に関する一研究　足利短期大学研究紀要，**16**(1), 1-8.

氏原　寛 (1995). 幼児保育とカウンセリングマインド　ミネルヴァ書房

渡辺三枝子 (1996). カウンセリング心理学：変動する社会とカウンセラー　ナカニシヤ出版

Wolpe, J. (1958). *Psychotherapy by Reciprocal Inhibition.*   Redwood City, CA: Stanford University Press.　金久卓也（監訳）(1977). 逆制止による心理療法　誠信書房

山口雅史 (1997). いつ，一人前の親になるのか？　家族心理学研究，**11**, 83-95.

▶ **Column 10**

五十嵐一枝 (2005). 軽度発達障害児のためのSST事例集　北大路書房

坂野雄二 (1995). 認知行動療法　日本評論社

人名索引

■あ■

アイゼンク（Eysenck, H. J.） 28
アスペルガー（Asperger, H.） 142
アトキンソン（Atkinson, R. C.） 94
安藤寿康 28
ヴィゴツキー（Vygotsky, L. S.） 44, 186
ウィン（Wynn, K.） 51
ウォルピ（Wolpe, J.） 212
内田伸子 30
エインズワース（Ainsworth, M.） 122
エリクソン（Erikson, E. H.） 4, 6, 16
エリス（Ellis, A.） 211
大日向雅美 160, 163

■か■

ガードナー（Gardner, R. A.） 34
カートライト（Cartwright, D.） 127
カナー（kanner, L.） 142
カミイ（Kamii, C.） 179
ガレノス（Galenus, C.） 53
クレイク（Craik, F.） 97
クレッチマー（Kretschmer, E.） 53
黒田実郎 30
ゲゼル（Gesell, A.） 29
小泉吉永 162
ゴットシャルト（Gottshaldt, K.） 40

■さ■

サイモンズ（Symonds, P. M.） 36
サベージ＝ランボウ（Savage-Rumbaugh, E. S.） 44
サラパテク（Salapatek, P.） 81, 82
ジェンセン（Jensen, A.） 25, 42
シフリン（Shiffrin, R. M.） 94
シュテルン（Stern, W.） 40
ストループ（Stroop, J. R.） 74
スピアマン（Spearman, C.） 26
瀬々倉玉奈 176

■た■

詫摩武俊 41
タルビング（Tulving, E.） 101
チョムスキー（Chomsky, N.） 27
トーマス（Thomas, A.） 28, 54

■は■

ハヴィガースト（Havighurst, R. J.） 16
パスカル＝レオン（Pascual-Leone, J.） 107
バッドレイ（Baddeley, A. D.） 96
原田正文 164
ピアジェ（Piaget, J.） 4, 44, 47, 72, 178
ヒポクラテス（Hippocrates） 53
ヒルガード（Hilgard, J. R.） 29
ファンツ（Fantz, R. L.） 49, 81
ブラウン（Brown, A. L.） 108
フリードマン（Friedman, P. N.） 74
ブルーナー（Bruner, J. S.） 39
ブレイクモア（Blakemore, C.） 34
フレーベル（Flavell, J. H.） 108
プレマック（Premack, A. J.） 35
ヘイズ（Hayes, C.） 34
ベイレイ（Bayley, N.） 32
ベック（Beck, A. T.） 211
ヘルド（Held, R.） 43
ボウルビィ（Bowlby, J.） 121
ポルトマン（Portmann, A.） 10

■ま■

マーラー（Mahler, M.）　119, 120
ミード（Mead, M.）　38
ムーア（Moore, M.K.）　50
メルツォフ（Meltzoff, A. N.）　50

■や■

依田　明　37

■ら■

ラインエール（Reinöhl, F.）　24
ラター（Rutter, M.）　142
リーセン（Riesen, A. H.）　34
ルクセンブルガー（Luxenburger, H.）　40
ローレンツ（Rorenz, K. Z.）　12
ロジャーズ（Rogers, C. R.）　199, 204
ロックハート（Lockhart, R.）　97

事項索引

■あ■

アイデンティティの拡散　164
浅いレベル　97
足場づくり　45, 189, 190
アタッチメント（愛着）　118, 121
後追い　118
アモーダル補完　79
安全基地　118, 119
安定型　122

異環境双生児　41
育児の社会化　171
育児パッケージ　177
育児不安　160, 162
育児放棄　166
1.57ショック　172
遺伝説　24
遺伝的要因　25-27
いない・いない・ばあ　4
いのち　23
イメージ化　100
インクルーシブ保育　159
インフォーマル・グループ　127
インプリンティング　12, 34

ASD（自閉症スペクトラム障害）　142, 143, 148
ADHD（注意欠如（欠陥）／多動性障害）　148-151
ABA　145, 146
AB課題　82
ABCDE理論　211
エジンバラ産後うつ病質問票（EPDS）　175
SST（社会的スキル訓練）　215
エピソードバッファ　96
M字カーブ　163

M容量　107
LD（学習障害）　148, 152-155
エンカウンター・グループ　204
エンゼルプラン　172
エンパワメント　203

お母さんに優しい国ランキング　172
親子相互作用　161, 176
音韻ループ　96

■か■

回避型　122
カウンセリングマインド　198
科学的概念　188
核家族　162
カクテルパーティー効果　73, 74
仮説　6
課題ルールのシフト　74
仮親　162
感覚運動期　4, 47
感覚記憶　95
感覚貯蔵庫　94, 95
環境閾値説　42
環境説　32
環境的要因　25
環境要因　32

記憶の体制化　99
記憶方略　99
気質　28, 52
記銘　98
虐待　161, 162, 166
ギャング・エイジ　129
教育・保育の役割　192
教育優先論　38
共感的理解　165, 208

228

きょうだい　37
共通実行機能　74
興味　62
勤勉さ　7

具体的操作期　6
クレーン現象　143

形式的操作期　6
傾聴　206
系統的脱感作法　212
言語習得装置　27

公園デビュー　162
好奇心　62
合計特殊出生率　161, 172
刻印づけ　12, 34
子育て支援　202
子育て支援政策　172
子育て不安　160
個体化　118
言葉　27, 31
言葉の発達　61
個別課題　22
個別対応　62

■さ■
サーバントリーダーシップ　131
再生法　99
再接近期　119, 120
再認法　99
産後うつ病　160
産後精神病　160
3歳児神話　163
産褥期の精神疾患　160

シェマ　4, 48, 72
視覚的走査　81
視覚的補完　78
自我同一性（アイデンティティ）　7
視空間スケッチパッド　96
自己一致　207

自己中心性　182, 184
自然発生的な教授プログラム　187
実行機能　74, 82
社会的知識　179
主観的輪郭　78
主体的な教育　44
受容　165, 207
馴化　48
馴化法　80
循環気質　53
順序性　9
少子化　162, 164
常同行動　144
情報の更新　74
初期経験　33, 34
処理水準仮説　97
自律　185
自立性　7
新生児の記憶　102
新生児の視力　76
新生児模倣　50
身体的虐待　166
信頼感　6
心理的虐待　166

随意運動　46
垂直的相互作用　190
水平的相互作用　190
スクリプト　90, 112
ストループ干渉　74, 75
ストレンジシチュエーション法　122
スロット　100

性格　28, 36
生活的概念　188
成熟優位説　29, 30
精神間から精神内　186
精緻化リハーサル　105
性的虐待　166
正統的周辺参加　190
生得説　24
生得的要因　24
生物学的要因　24

事項索引

生理的早産　11, 12
積極性　7
セルフ・モニタリング　213
選好注視法　48
前操作期　4
全体知覚　77
選択的注意　73

想起　98, 99
早期教育　30
相互関連性　8
相互作用説　42
双生児研究法　25
育てやすい子ども　28, 55

■た■
第1次反抗期　119
対象の永続性　48, 50

短期記憶　95
短期貯蔵庫　94, 95
チック症　148, 152
知的障害　148
知能　24
注意　73, 82, 86-88, 93
注意喚起　114, 116
中央実行系　96
中心部から周辺部へ　9
長期記憶　96
長期貯蔵庫　95, 96
調節　44, 45, 179
直観的思考段階　5

TEACCH　144, 145
DCCS課題　83
TOT　100
手がかり　100
手続き記憶　157
てんかん　152
転導的推理　5

同一化　167

同一視　167
同化　44, 45, 178
道徳性　184
頭部から尾部へ　9
トゥレット症候群　148, 152
トップダウン処理　70, 71
徒弟制　190
トラウマ（心的外傷）　168

■な■
内化　186
慣れにくい子ども　28, 55

二次的就巣性　10, 11
二次的障害　149
乳児の記憶　102
乳児家庭全戸訪問事業（こんにちは赤ちゃん事業）　175
人間関係　60
認知行動療法　210

ネウボラ　177
ネグレクト　166
粘着気質　54

■は■
パーソン・センタード・アプローチ　204
発達課題　14, 16, 18
発達支援　64
発達障害　117
発達段階　4
発達の最近接領域　186
発達の最近接領域仮説　44
発達の理解　20
パニック　144, 147
晩婚化　162
晩産化　162
反射行動　46
反応的学習的な教授プログラム　187
反復リハーサル　104

PTSD（心的外傷後ストレス障害）　168

230

非婚化　162
非指示的療法　204
人見知り　118
非分析的認識　78
表象　179
表象的思考段階　4

不安定型　122
フォーマル・グループ　127
深い処理　97
深いレベル　97
輻輳説　40
物理的知識　179
部分知覚　77
普遍文法　27
文化　38
分化期　119
文化差　33
分析的注意　32
分析的認識　78
文脈一致効果　101
分離と個体化　119
分離不安　118-120
分裂気質　54

ヘッドスタート計画　39
ベビーシェマ　13

保育者効力感　130
保育者の働きかけ　66
包括的注意　33
方向性　8
保持　98
母性（愛）神話　163
保存概念　5
ボトムアップ処理　70

■ま■
マーラーの乳幼児期パーソナリティ発達理論　120
マジックナンバー　95

マタハラ（マタニティーハラスメント）　172
マタニティーブルーズ　160
マタニティーマーク　172

ミラーリング　208

難しい子ども　28, 55
無秩序型　124

メタ認知　108

モダリティ間知覚　80
模倣行動　14

■や■
養育態度　36
幼児の記憶　103
読み聞かせ　23

■ら■
来談者中心療法　204
らくがきゲーム　176

理解　84-86, 89

類似性　25

レスポンデント条件づけ　212
レディネス　29, 38
練習期　119

論理数学的知識　179
論理的操作　6
論理療法　211

■わ■
ワーキングメモリ　96

執筆一覧 (執筆順)

菊野　春雄	（編　者）		第1章1・2節，第3章2節，第4章2節，第5章1・2節
阿部　直美	元大阪樟蔭女子大学附属幼稚園		第1章3節，第9章3節，Column 1, Column 9
菊野　雄一郎	島根県立大学短期大学部		第2章
倉盛　美穂子	日本女子体育大学体育学部		第3章1節，第9章2節
福井　笑子	元香芝市社会福祉協議会関屋保育園		第3章3節，Column 2, Column 3
安原　秀和	大阪樟蔭女子大学児童学部		第4章1節
池川　正也	伊丹ひまわりこども園		第4章3節，第5章3節，Column 4, Column 5
平野　美沙子	大東文化大学外国語学部		第6章1節，第8章2節
藤田　依久子	環太平洋大学次世代教育学部		第6章2節
阪上　節子	大和大学教育学部		第6章3節
隠岐　厚美	神戸女子大学文学部		第7章，Column 6
瀬々倉　玉奈	京都女子大学発達教育学部		第8章1・3節，Column 7
橋本　祐子	関西学院大学教育学部		第9章1節，Column 8
高城　佳那	静岡産業大学経営学部		第10章1・2節
渡辺　俊太郎	大阪総合保育大学児童保育学部		第10章3節，Column 10

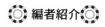

編者紹介

菊野春雄（きくのはるお）

1950 年　大阪府に生まれる
1975 年　大阪教育大学大学院教育学研究科修士課程修了, 1994 年筑波大学で博士（心理学），2003 年 Nottingham 大学（UK）で Ph.D. を取得。
現　在　大阪樟蔭女子大学名誉教授

［主著・論文］

画像の理解についての発達的研究　風間書房　1996 年

Children's Reasoning and Mind.（共著）　Psychology Press: London. 2000 年

嘘をつく記憶　講談社　2000 年

心の理論への招待（共訳）　ミネルヴァ書房　2000 年

発達と教育の心理学（編著）　創元社　2007 年

How do young children process beliefs about belief? : Evidence from response latency.（共著）　*Mind and Language*, **22**, 297-316. 2007 年

乳幼児の発達臨床心理学——理論と現場をつなぐ

| 2016 年 5 月 20 日 | 初版第 1 刷発行 | 定価はカバーに表示 |
| 2020 年 7 月 20 日 | 初版第 2 刷発行 | してあります。 |

編　者　　菊　野　春　雄
発行所　　（株）北大路書房

〒 603-8303　京都市北区紫野十二坊町 12-8
電話　(075) 431-0361（代）
FAX　(075) 431-9393
振替　01050-4-2083

©2016　印刷・製本／（株）太洋社
検印省略　落丁・乱丁本はお取り替えいたします
ISBN978-4-7628-2937-6　Printed in Japan

・ JCOPY 〈(社)出版者著作権管理機構 委託出版物〉
本書の無断複写は著作権法上での例外を除き禁じられています。
複写される場合は，そのつど事前に，(社)出版者著作権管理機構
（電話 03-5244-5088, FAX 03-5244-5089, e-mail: info@jcopy.or.jp）
の許諾を得てください。